ALBINO-ALLIGATOR
Mit dem Bike über die
Golden Gate Bridge –
und danach zu Claude,
dem weißen Alligator
mit den roten Augen

POTTERWOOD
Hogwarts und
Hogsmeade endlich
in 4-D erleben – auf
der Universal Studio
Tour in Los Angeles

PLUS: LAS VEGAS!
Wo die Haie am Strip
leben, Gondeln keine
Trauer tragen und
Artisten auf Seilen
balancieren

APP „YELP" Essen
visitcalifornia.com

SCHÖNER REISEN
MIT
KINDERN

W0052329

FAMILIENREISEFÜHRER
KALIFORNIEN

Inhalt

Kalifornien

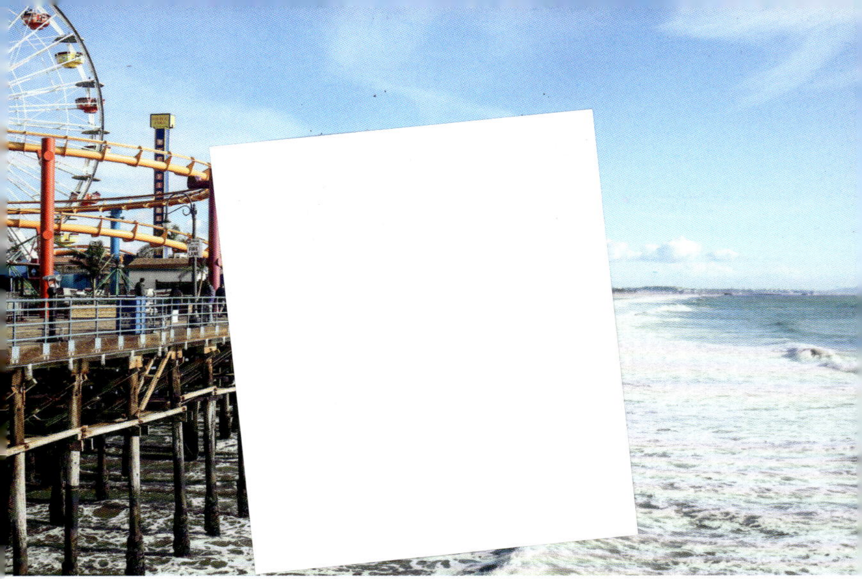

Die Ausläufer des Bling-Bling-Eldorados Pacific Park auf dem Santa Monica Pier

Unsere Autorin

CLAUDIA LÜERSEN ist auf diesem Bild mit ihrer noch nass gespritzten Familie oberhalb des Nevada Fall im Yosemite National Park zu sehen. Die Großen, 15 und 17 Jahre, hatten nicht damit gerechnet, in Kalifornien so viel zu klettern. Entschädigt für die viele Natur ringsum wurden sie in L. A., Las Vegas und auf dem Boardwalk in Santa Cruz. Fanny, 8, fand alles klasse – vor allem die Skater in Venice und Ollivanders, das Geschäft für Zauberstäbe in den Universal Studios.

Was Sie wissen sollten

Diese Farben und die Karte begleiten Sie durch den Familienreiseführer und markieren spezielle Informationen:

Grün

Infos zur Region oder spezielle Empfehlungen für die Eltern gibt's in den grünen Kästen.

Orange

In den orange-farbenen Kästen stehen tolle Tipps oder Geschichten für Kinder.

Blau

Regionale kulinarische Genüsse oder ein Restaurant, in dem auch Ihre Kinder auf ihre Kosten kommen, finden Sie in den blauen Kästen.

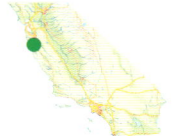

Die Mini-Karte von Kalifornien mit dem violetten, grünen oder blauen Punkt zeigt Ihnen auf einen Blick, an welchem Ort sich die jeweilige Adresse befindet.

1

KALIFORNIEN FÜR ELTERN UND KINDER

Kalifornien entdecken

Nichts gegen Gummistiefel und Friesennerze, aber beides gehört definitiv nicht ins Urlaubsgepäck. „Es gibt kein schlechtes Wetter, nur schlechte Kleidung"? Weit gefehlt, liebe Oma, es gibt mieses Wetter. Nieselregen, grauer Himmel und peitschende Winde sind die Symptome und die Zeile „It never rains in southern California" beschreibt die beste Medizin gegen den Blues, der sich in einem ausgefallenen deutschen Sommer oder einem verregneten Urlaub in Dänemark todsicher einstellt. Vor allem, wenn man Kinder hat. Denn die wissen, dass Sonnenschein ein Erdbeereis erst lecker und Sandburgen fest macht. Und dass

Delfine cooler sind als Dorsche. Surfer und Skater, die unter kalifornischer Sonne ihre Muskeln spielen lassen und dabei so lässig aussehen, wie wir es das ganze Jahr nicht schaffen: Das sind doch die Leute, die den Sunshine State im Südwesten der USA bevölkern, nicht? Auch wenn Albert Hammond in seinem 1972er-Welthit eher die Perspektive eines Mannes besingt, der hart im Paradies gelandet ist, unsere Kalifornien-Bilder von schönen, das Leben genießenden Menschen mit Hang zum hippiesken Hängertum und zum Lustigsein bleiben ungetrübt. Dem Anspruch des „Land of the Free" versucht man trotz Gegenwinds im 31. Bundesstaat der USA auch heute noch gerecht zu werden. „Wir schämen uns, dass unser schrecklicher Präsident Eure schöne Stadt besuchen kommt", schrieben uns unsere Freunde aus Los Angeles, beide mit mexikanischen Wurzeln und in L. A. geboren, anlässlich des G20-Gipfels in Hamburg. Auch von vielen Freunden daheim mussten wir uns im Sommer 2017 fragen lassen, warum

Nur im Süden Kaliforniens: Boogie-Boarden ohne Neopren

6

Like Lissabon: San Franciscos Cable Car

wir ausgerechnet jetzt mit unseren Kindern ins Trump-Land reisen wollten. Nun, Kalifornien ist eben nicht das Kernland der USA. Hillary Clinton sammelte bei der Wahl im November 2016 dort über vier Millionen mehr Wählerstimmen als Donald Trump, und der Golden State gerierte sich schon frühzeitig als politischer Stachel im Fleisch seiner Präsidentschaft. Ende 2017 unterzeichnete der Gouverneur Kaliforniens, Jerry Brown, eine Reihe von Gesetzen, die den bevölkerungsreichsten US-Staat zum Sanctuary State machen, in dem Einwanderern unabhängig von ihrem

Geschäfte erledigt man in Kalifornien bevorzugt in Shorts und Flip-Flops. Das tut Erfolg und Effizienz offenbar keinen Abbruch.

Aufenthaltsstatus mehr Schutz geboten werden soll. So soll möglichen, von der Trump-Regierung forcierten Abschiebungen entgegengewirkt werden. In Kalifornien leben nach Schätzungen mehr als 2,3 Millionen illegale Einwanderer. Multikulti ist hier nicht die Ausnahme, sondern die Norm.

Popkultur und Wilder Westen

Obwohl Los Angeles und vor allem San Francisco keine Effizienzhochburgen wie New York sind – Mexiko und damit die „Mañana-Kultur" sind nicht weit, Geschäfte erledigt man gern in Shorts und Flip-Flops –, wurden viele der einflussreichsten Unternehmen der Welt in Kalifornien gegründet und haben dort ihren Sitz, u. a. Apple, Chevron und Facebook. Auch Walt Disneys Imperium residiert in Kalifornien, ebenso wie die legendären Pixar Studios, mittlerweile ebenfalls zum Disney-Clan gehörend, in denen der Animationsfilm alle zwei Jahre neu erfunden wird. Viele unserer kulturellen Ikonen sind im Westküstenstaat groß geworden: die Monroe, Brando, Tarantino, die Beach Boys, Metallica, die Red Hot Chili Peppers und Linkin Park. Eltern und Kinder sind ihren Helden hier ganz dicht auf den Fersen. Mit einer Fläche von 423.970 Quadratkilometern – die 357.385 Quadratkilometer Deutschland passen locker hinein – ist Kalifornien nach Alaska und Texas der drittgrößte Staat in den USA. Geografie und Klima sind extrem vielfältig. So kann man etwa in Los Angeles im Dezember zum Frühstück Kolibris durch den Garten fliegen sehen, dann eine Welle auf dem Surfbrett

Praktisch und ein schickes Mitbringsel: der Annual Pass für die Nationalparks

reiten, nachmittags im nur eineinhalb Autostunden entfernten Big Bear in den San Bernardino Mountains aufs Snowboard wechseln und ins Winter Wonderland eintauchen. Kalifornien hat alpine Berge, nördlich von San Francisco neblige und im Süden sonnige Küsten, heiße Wüsten und ein sehr fruchtbares Tal. Hier wachsen die höchsten Küstenmammutbäume, die dicksten Riesenmammutbäume und die ältesten Grannenkiefern der Welt. Die Küstengebirge grenzen das Kalifornische Längstal von der Pazifikküste ab und umfassen etwa 109.000 Quadratkilometer. Obwohl es in San Francisco auch im Hochsommer sehr kühl werden kann, gilt Kalifornien insgesamt als „Fruchtgarten" (Fruit Belt) Amerikas, dessen Klima ideal für den Anbau von Weintrauben, Orangen, Zitronen und Avocados ist.

Grandiose Naturparks

„Ich wusste nicht, dass das so ein extremer Natururlaub wird", stöhnte unser 17-jähriger Sohn auf einer Klettertour im Yosemite Park, während sich Fanny, 8, nicht einkriegen konnte

Nationalpark-Pass & schönes Souvenir

Toll: Der **AMERICA THE BEAUTIFUL – THE NATIONAL PARKS AND FEDERAL RECREATIONAL LANDS PASS**, kurz: **ATB** oder **ANNUAL PASS**, gewährt für $ 80 mit einer Gültigkeit von einem Jahr ab Kauf dem Passinhaber und allen Insassen eines Privatautos bzw. Wohnmobils den freien Eintritt in alle Nationalparks der USA. Sie können den Pass in jedem Visitor Center oder an jeder Entrance Station der Parks erwerben und bar, mit Kreditkarte oder Travellerscheck bezahlen. Der Pass amortisiert sich für eine vierköpfige Familie in der Regel schon nach dem zweiten Parkbesuch. Außerdem ist er sehr schick und, in der Brieftasche daheim mit sich herumgetragen, eine bildschöne Urlaubserinnerung.

Kalifornien – Film ab!

Stimmen Sie sich mit einem DVD-Abend auf Ihren Urlaub ein. Für die Kinder gibt's „Findet Dorie". Der 3-D-Animationsfilm spielt im und um das Aquarium in Monterey. Auch wenn die deutsche Synchronfassung, allen voran Anke Engelke als schusselige Dorie, fantastisch ist, sollten Sie das englische Original gucken. Teenies lachen über die Retro-Serien „Beverly Hills, 90210" oder „Baywatch". Und für die Eltern sind „The Graduate" mit dem jungen Dustin Hoffman, „The Big Lebowski" mit Jeff Bridges als Dude und natürlich Tarantinos „Pulp Fiction" perfekt – und in L. A. testen Sie dann Samuel L. Jacksons Lieblingsburgerschmiede „In-N-Out Burger"!

vor Begeisterung, als ihr die Gischt der Upper Yosemite Falls ins Gesicht spritzte und den Schweiß der Wanderung vom Körper spülte. Es war einfach eine grandiose Idee, die atemberaubende Natur der USA durch ein Netz hervorragend organisierter Nationalparks zu schützen. Bereits im 19. Jahrhundert wurden viele Gebiete unter Schutz gestellt, in Kalifornien gibt es neun Nationalparks, sodass es ganz leicht ist, mit Kindern die Weite, Schönheit und Unterschiedlichkeit des Landes zu entdecken. Und zu begreifen, dass alles „in Natur" noch viel überwältigender ist als im Film.

Deutsch-amerikanische Freundschaft

Für deutsche Schulkinder, die in den meisten Bundesländern ab der Grundschule Englisch lernen, ist eine Ferienreise in ein englischsprachiges Land eine tolle Sache. Auch wenn natürlich nicht alles sofort verstanden wird, kleine Bestellungen und Freundlichkeiten können bereits ausgetauscht werden: „Thank you", „You're welcome". Das gibt den Kindern das Vertrauen, fern der Heimat zurechtzukommen – ein tolles Gefühl! Und dann ist da ja noch Angela Merkel, die selbst in den linken Milieus Kaliforniens einen exzellenten Ruf genießt. Ihre Entscheidungen in der Flüchtlingspolitik genießen höchstes Ansehen, und das in einem Land, von dem wir Deutschen in der Regel denken, dass es ausschließlich um sich selbst kreist. Ungewohnt ist es allemal, als Deutscher plötzlich dermaßen geachtet zu werden. Und: Beim Essen, im Supermarkt, „in line", also in der Warteschlange in einem der Vergnügungsparks – immer ist ein Amerikaner in der Nähe, der irgendwelche „german roots", deutsche Wurzeln, hat: „My mother's great aunt was born in Mühlhaim, so I'm actually German" („Die Großtante meiner Mutter wurde in Mühlheim geboren, also bin ich eigentlich deutsch"). Auch sprachlich haben sich eine ganze Menge deutsche Wörter im amerikanischen Englisch etabliert, allen voran die German Angst, der Hamburger, außerdem Frankfurter, Bratwurst, Autobahn, nicht zu vergessen Fahrvergnügen, Kindergarten und Mensch.

Showstopper Jetlag

Ganz ehrlich, I: Es ist keine gute Idee, mit Kindern zwölf Stunden, oft am helllichten Tag, über den Atlantik zu fliegen. Ganz ehrlich, II: Das Film- und Serienangebot der Airlines in direkter Griffnähe macht es, ähem, sehr viel leichter. Unsere drei Kinder waren 8, 15 und 17 Jahre alt, als wir im Sommer 2017 nach Kalifornien flogen. Den Flug hatten wir anmoderiert mit: „Bei Oma und Opa dürft ihr ja auch andere Sachen als bei uns und im Flieger ist das auch so." Was soll ich sagen: Der Flug war ein Kinderspiel. Wer kleinere Kinder hat, sollte unbedingt eine Bastelmappe und Lieblingsbücher einpacken.

Auch gut: Origami-Apps. Möwen, Seehunde und Wale falten klappt auch über den Wolken wunderbar. Unser unschlagbarer Tipp gegen den Jetlag: ein Hotel mit Pool. Der sorgt dafür, dass alle so lange wach bleiben, wie es nötig ist, um in den neuen Rhythmus zu finden. Manchmal hilft zusätzlich eine Cola, ausnahmsweise. Wir sind ja in Amerika!

On the Road

Um den richtigen Reisemodus zu finden, gilt es in Kalifornien für Familien eigentlich nur eine Entscheidung zu treffen: Reisen wir im Wohnmobil oder im Mietwagen/Van? Denn ohne eigenen fahrbaren Untersatz geht hier gar nichts. Vergessen Sie Angebote wie die Juicy Cars, das sind Kombis, deren Dach auffaltbar ist und dann Platz für zwei bis drei Bettstellen macht. Familien werden in der Regel mindestens drei Wochen in Kalifornien unterwegs sein, denn sonst lohnen die Strapazen der Anreise nicht. Stellen Sie sich nur einmal kurz vor, drei Wochen selbst mit nur einem Kind komplett komprimiert schlafen zu müssen. Es geht hier um eine Urlaubsreise und nicht um ein Bootcamp, alles klar? Das Wohnmobil ist natürlich auf den ersten Blick unschlagbar romantisch: Es ist ein Häuschen auf Rollen, mit dem man in den Naturparks alles dabeihat und auch in den Städten Stellplätze findet. Wer allerdings schulpflichtige Kinder hat, wird in der Hochsaison nach Kalifornien reisen, denn nur im Juli und August haben die Lütten drei Wochen am Stück schulfrei. In dieser Zeit ist die Miete eines Wohnmobils extrem teuer, unter $ 4.000 geht nichts für vier Personen und drei Wochen Rundtour – und Sie müssen dann noch die Kosten

In der Natur nächtigen: Das Wohnmobil macht's möglich

für die Stellplätze addieren. Für diese Summe bekommen Sie einen komfortablen Van plus alle nötigen Übernachtungen in Hotels, Familiensuiten und Naturpark-Cabins. Und: In Nevadas Hauptstadt Las Vegas (knapp viereinhalb Autostunden von Los Angeles entfernt) möchte man ja nur zu gern in einem der Bling-Bling-Hotels übernachten und nicht im Wohnmobil durch schicke Wohngebiete rollen. Sie müssen auch beachten, dass Sie nach der Landung nicht gleich ins Wohnmobil steigen können. Um den Jetlag ein wenig zu

Wehendes Wappentier: der Grizzly

Republik Kalifornien

Vor dem großen Goldrausch hieß der Golden State noch Grizzly Bear State, der imposante Bär ist schließlich das Wappentier von Kalifornien. Er ziert zusammen mit einem Stern und einem roten Streifen die Flagge der „California Republic". Kurios: Im Städtchen Sonoma riefen 33 US-amerikanische Siedler aus Protest gegen mexikanische Drangsal am 14. Juni 1846 die Republik Kalifornien aus und hissten als Symbol die „Bear Flag" – allerdings nur für 25 Tage. Stern, Bär und „California Republic"-Schriftzug auf Flaggen, Hoodies und T-Shirts sind aber noch heute tolle und – etwa in Chinatown in San Francisco erworben – unschlagbar günstige Souvenirs für (Schul-)Freunde daheim.

egalisieren, ist es für Ankommende aus Europa vorgeschrieben, mindestens eine Nacht im Hotel zu verbringen, bevor man die Reise mit dem Wohnmobil beginnt. Und: So lieb wir unsere Kinder auch haben, ab und an eine Nacht im separaten Zimmer ist nun wirklich nicht zu verachten. Wir haben uns für die Kombi Family Van (€ 948 für 18 Tage) plus wechselnde Übernachtungen entschieden und können dieses Modell nur wärmstens empfehlen. Alle Detail-Infos, die Sie für Ihre Entscheidungshilfe brauchen, finden Sie im „Gut zu wissen"-Teil dieses Reiseführers ab S. 100.

Noch ein Hinweis in eigener Sache
Links zu Attraktionen und Hotels haben wir auf den folgenden Seiten nur dann angegeben, wenn sie kurz und direkt sind. Für Hotelbuchungen ist es zum Beispiel oft einfacher, den Namen der empfohlenen Unterkunft bei einem der großen Online-Buchungsportale ins Suchfeld einzugeben und zu reservieren.

FÜR ELTERN UND KINDER

Was Eltern wissen sollten

Um ihr Ziel USA überhaupt zu erreichen, brauchen alle Kinder einen maschinenlesbaren Reisepass für den Urlaub in den Vereinigten Staaten von Amerika. Vergessen Sie bloß nicht, sich mindestens 72 Stunden vorher bei der ESTA, Electronic System for Travel Authorization (www.cbp.gov/esta) online anzumelden (siehe auch Kap. „Gut zu wissen", S. 101). Ist das geschafft, steht Ihrer Traumreise nichts mehr im Weg.

Aufgeschmissen ohne Auto
Ohne Auto ist es in Kalifornien fast unmöglich, von A nach B zu kommen. Alle Wege sind länger als es in der Planung der Reise den Anschein hatte. Auf den Straßen

Es macht Sinn, den Kindersitz mitzubringen

In den USA hängen die Ampeln hoch oben, und zwar hinter der Kreuzung. Versuchen Sie, es sich möglichst schnell zu merken, ansonsten kann es schon mal zu unangenehmen Situationen kommen. An einer Ampelkreuzung, die für die Geradeausspur Rot anzeigt, dürfen Sie trotzdem nach rechts abbiegen – zumindest wenn der Straßenverkehr dies zulässt.

sind nur selten Fußgänger zu sehen, weil jede noch so kurze Strecke mit dem Auto genommen wird. Mieten Sie einen Wagen oder ein Wohnmobil, wenn Sie Kalifornien erkunden möchten. Wer in Deutschland bucht, der sollte unbedingt ein Rundum-Versicherungspaket abschließen (siehe Kap. „Gut zu wissen", S. 102). Tipp: Das Navi wird stets extra mit einem saftigen Tagessatz berechnet ($ 12-15). Sehr viel günstiger ist es, ein Navi vor Ort in einem Technikmarkt zu kaufen oder für das Navi, das Sie besitzen und das nicht in Ihren Wagen eingebaut ist, Straßenkarten für Kalifornien online zu besorgen. Achten Sie zudem darauf, falls nötig, einen Kindersitz mitzubringen, denn zusätzlich gemietete Kindersitze sind unverhältnismäßig kostspielig (siehe auch Kap. „Gut zu wissen", S. 102). Die Kindersitz-Regelungen unterscheiden sich von unseren. Babys im Alter von bis zu 1 Jahr müssen wie in Deutschland rückwärts in Babyschalen sitzen. Danach benötigen die Kids einen Kindersitz mit Rückenlehne und Kopfstütze. Für Kinder ab einem Alter von 4 Jahren gilt in Kalifornien lediglich eine Anschnallpflicht. In den meisten US-Staaten brauchen Kinder von 4 bis 8 Jahren nur noch einen „booster", eine Sitzerhöhung. Ob Sie Ihr Kind anschnallen, ob Sie eine Sitzerhöhung im Reisegepäck mitnehmen oder eventuell doch lieber vor Ort kaufen möchten, müssen Sie natürlich selbst entscheiden. Die Booster kosten je nach Anbieter ab etwa $ 15 in den großen Kaufhäusern.

Verkehrssicherheit

Bereiten Sie sich auf die amerikanischen Verkehrsregeln vor. Erschrecken Sie nicht, wenn Sie jemand auf den teils sechsspurigen Highways rechts überholt – das ist erlaubt. Versuchen Sie, in der Mitte zu fahren, denn auf der äußersten Spur geht es häufig rechts raus. Dann heißt es plötzlich „merge left" („links einordnen"), auf den Abbiegespuren müssen Sie auch wirklich abbiegen. Achten Sie auf die Höchstgeschwindigkeiten auf den Highways und Interstates! Eine tolle Erfindung sind die Express Lanes, auch Fast Lanes genannt. Sie befinden sich links auf den Highways und sind direkt auf dem Asphalt und durch Beschilderungen gekennzeichnet. Die schnellen Spuren können zum Beispiel in Los Angeles kostenlos von Fahrzeugen benutzt werden, in denen mindestens zwei Personen sitzen. Familien haben es so leichter, in L. A. Staus und Verkehrschaos zu umschiffen. Besondere Regelungen müssen Sie rund um Schulgelände beachten. Meist morgens und nach Schulschluss gilt ein strenges Tempolimit von 15 Meilen die Stunde. Auch Schulbusse sind mit äußerster Vorsicht zu umfahren. Blinken die Lichter rot, halten Sie unbedingt an – egal aus welcher Richtung kommend. Überholen ist dann unter keinen Umständen erlaubt. An roten Ampeln darf, sofern es nicht mit „No turn on red light" untersagt ist, rechts abgebogen werden. Und nicht vergessen: Achtung, die Ampeln hängen hinter der Kreuzung (siehe Kasten S. 12)!

Plastikgeld

Stecken Sie unbedingt eine Kreditkarte ein! Ohne das Plastikgeld ist man in Amerika verloren. Ob in Hotels oder beim Autoverleih – Sie

Amerikanische und deutsche Maßeinheiten

1 inch oder Zoll = 2,54 cm
1 foot = 30,48 cm
1 yard = 91,44 cm
1 mile (mi) = 1,61 km
1 square mile = 2,58 km²
1 pound (lb) = 0,45 kg
1 ounce (oz) = 28,35 g
1 fluid ounce (fl oz) = 29,57 ml
1 gallon = 3,78 l
1 mile per hour (mph) = 1,61 km pro Stunde
x miles per gallon (mpg) = (235/x) l auf 100 km
Beispiel: 10 mpg = 23,5 l/100 km

In Restaurants gilt: Wait to be seated!

noch länger dauern. Dann bekommen Sie eine ungefähre Zeit genannt und in einigen Lokalen auch einen elektronischen Pieper in die Hand gedrückt, der, sobald Ihr Tisch fertig ist, zu piepen oder brummen beginnt. Häufig geht es übrigens schneller, als man glaubt. Lassen Sie sich also nicht von einer Schlange abschrecken!

Drugstores & Pharmacies

Sind Sie auf der Suche nach einer Apotheke, halten Sie Ausschau nach Walgreens, CVS und anderen Pharmacies oder Drugstores. Diese teils großen, supermarktähnlichen Geschäfte haben ein umfassendes Arzneimittel-Sortiment. Sollte sich Ihr Kind schwerwiegender verletzen und einen Arzt oder gar ein Kranken-

müssen stets Ihre Daten als Sicherheit hinterlegen. Auch bei hoffentlich nicht eintretenden Notsituationen wie Arztbesuchen oder einem Krankenhausaufenthalt ist eine Kreditkarte mehr als nützlich. Achten Sie darauf, dass Sie eine Kredit- und auch eine EC-Karte mit Maestro-Zeichen dabeihaben. Mit der EC-Karte kann an den meisten ATMs (das sind Maestro-Bankautomaten) Bargeld abgehoben werden.

In den Restaurants

„Wait to be seated" heißt es grundsätzlich (bis auf wenige Ausnahmen) in Amerika. Sie gehen also nicht einfach in das Restaurant und suchen sich selbst einen freien Platz, so wie das in den meisten deutschen Restaurants gemacht wird. Ihnen wird ein Tisch zugewiesen. In beliebten Restaurants und zu besonderen Feiertagen kann das bis zu einer Stunde oder sogar

Garage Sale!

Wenn Sie in den Vereinigten Staaten und natürlich auch in Kalifornien durch Wohngebiete fahren, dann sehen Sie manchmal ein Schild mit den Worten „Garage Sale!". Hier wird keine Garage angeboten, es ist vielmehr ein kleiner, privater Flohmarkt mit allerlei Krimskrams, der verkauft werden soll. Halten Sie gern an und fragen Sie nach. Bei so einem Garage Sale kann man manchmal echte Schnäppchen machen: Kinderklamotten, Bücher, Spielzeug … Genaue Auskünfte über die privaten Märkte erhalten Sie bei Yard Sale (*www.yardsalesearch.com*).

Offizielle Besucher-Website für Kalifornien

Ob kinderfreundliche Attraktionen oder spannende Outdoor-Aktivitäten, ob Museum, Themenpark, Norden oder Süden, die offizielle Website von California Tourism (*www.visitcalifornia.com/de*) kennt sich bestens im gesamten Golden State aus. Sie können online in einem kostenlosen deutschsprachigen „Visitor's Guide" blättern und u. a. erfahren, dass Marilyn Monroe in Castroville, der Welt-Artischockenhauptstadt, einst zur Artischockenkönigin gekürt wurde. Nice to know!

haus benötigen, denken Sie daran, dass Sie die Arztrechnungen in den Vereinigten Staaten sofort bezahlen müssen. Schließen Sie also vor dem Urlaub eine Auslandsreisekrankenversicherung inklusive USA ab – fragen Sie bei Ihrer Krankenkasse oder auch beim ADAC (falls Sie Mitglied sind) nach – und haben Sie für solche Situationen immer eine Kreditkarte dabei.

Unterkunft & Trinkgeld

Mit Kindern in Amerikas Hotels oder Motels unterzukommen ist easy! Vierköpfige Familien können ohne Probleme in einem Zimmer wohnen. Fragen Sie nach Zimmern mit zwei Queensize-Betten (ca. 1,40 Meter Breite). Ein Kingsize-Bett (ca. 2 Meter Breite) könnte für Familien mit einem

Kind auch groß genug sein. Wir waren mit drei Kindern unterwegs und haben in den Family-Suiten oder in zwei gebuchten Zimmern immer ohne Probleme ein Beistellbett zur Verfügung gestellt bekommen. Die Preise werden pro Zimmer und nicht pro Person berechnet. Das macht die Unterkünfte häufig bezahlbarer als in Europa. Alle Preise – Klamotten, Restaurants und Hotelzimmer – werden übrigens ohne „tax", ohne Steuerzuzahlungen, angegeben. In den Restaurants sollten Besucher den „tip", das Trinkgeld, nicht vergessen. Zwischen 15 und 20 Prozent kommen noch mal zum Rechnungspreis hinzu. Achten Sie unbedingt darauf, ob das Restaurant den Tip nicht vielleicht schon mit auf der Rechnung stehen hat. Wer bei Restaurant, Hotel oder auch einigen der Outlet-Shopping-Center vorfährt, findet oft das Schild „Valet Parking". Hier möchte man Ihren Wagen für Sie parken. Das kann etwa bei Regen angenehm sein, kostet aber extra, etwa $ 2 bis $ 5 pro Weg.

Preise werden pro Zimmer berechnet

FÜR ELTERN UND KINDER

Essen & Trinken

Okay, Fast Food ist eine große Sache, auch in Kalifornien. Aber immerhin, 8 Prozent der Kalifornier sind Vegetarier und durch die multikulturelle Aufstellung des 31. Bundesstaates bekommt man hier Leckeres aus aller Welt – und das oft viel günstiger als bei uns. Was natürlich unsere Kinder nicht wirklich interessiert. Sie stehen auf das, was sie zu Hause nicht ständig dürfen, und das sind: Burger, Burger, noch mal Burger und nicht zu vergessen French Fries, also Pommes frites. Burger und Fritten gibt es immer und überall. Im Kindermenü gern auch an allererster Stelle, was die Bestellung für Kids häufig einfach macht und uns europäische Urlaubseltern verzweifeln lässt. Aber keine Angst, es geht auch anders. Wer spontan checken möchte, welche Restaurants im Umkreis als familienfreundlich bewertet werden, für den ist die App „Yelp" überaus hilfreich.

Wir haben Hunger!

Wer im Hotel wohnt, muss genau schauen, ob sich die Frühstücksbuchung lohnt. Denn ein günstiges Continental Breakfast mit Brötchen und Marmelade ist in den USA nicht die Regel. Oft gibt es ein ausuferndes Frühstücksbuffet, das mit Pauschalpreisen von $ 40 pro Person veranschlagt wird. Nicht wirklich eine akzeptable Wahl für Familien. Besser ist es, sich am Abend zuvor mit Croissants, Bagels (siehe Kasten S. 17) sowie dem bevorzugten Aufstrich im Supermarkt zu versorgen und auf dem Zimmer oder am Pool zu frühstücken. Das Heißgetränk der Wahl kann dann im Hotelcafé geordert werden. Weil die Vorliebe der europäischen Gäste für ein sattes Frühstück bekannt ist, haben sich rund um die großen Hotels in Kalifornien zahlreiche Frühstücks-Restaurants angesiedelt. Das Manko: In der Hauptsaison muss man sehr lange Schlange stehen. Mit Kindern, die gerade morgens heftig Appetit haben, nicht unbedingt ein Vergnügen. Wer einen Platz ergattert hat, ordert am besten Pancakes. Die können mit Toppings je nach Gusto oder auch mit salzigem Bacon gegessen werden. Dazu Ahornsirup und ein kleines bisschen Obst an der Seite. Kinder lieben oft Waffles, die mal mit Sahne („whipped cream") oder auch mit frischem Obst, zum Beispiel Blaubeeren („blueberries"), serviert werden.

Typisches knallrotes „Tischabteil" im Family Restaurant

Brötchen mit Guckloch

Okay, Brötchen, die sich Bagel nennen, gibt es mittlerweile auch in Deutschland. Das ist aber nicht dasselbe wie ein echter amerikanischer Bagel. Der wird nämlich noch als Kringel aus Weizenmehl-Teig in heißes Wasser getaucht und erst dann gebacken. Das Wasserbad sorgt für die krosse, glänzende Kruste – lecker! Bagels gibt es „plain", also ohne alles, oder mit Sesam, Mohn, Blaubeeren oder Schokostückchen. Am besten schmecken sie mit Frischkäse.

Essen im Abteil

Wir kennen sie aus vielen Filmen: die Tischabteile, in die man wie in den Speisewagen alter Eisenbahnen hineinrutschen muss. Sie finden sich häufig in den sogenannten Family Restaurants, in denen eine Mischung aus Fast Food und bodenständig-deftiger amerikanischer Kost serviert wird. Die Portionen sind in der Regel enorm, Kindern genügt meist eine halbe. Allgegenwärtige Klassiker der Family Restaurants sind die Filialen von Denny's. Wenn der Hunger groß und die Zeit knapp ist, wird man hier zu sehr fairen Tarifen satt. Allzu oft kann man allerdings nicht einkehren, denn das Essen ist einfach zu fettig und selbst die Salatbeilagen kommen in der Regel aus dem Glas. Dafür sind die Bedienung und die Klientel fast immer überaus kinderfreundlich.

Süße Versuchungen

Brownies, Muffins, Cheesecakes, Key Lime Pies, Hot Fudge Brownies („Hot Fadsch" gesprochen) … Die Liste der Versuchungen in Kaliforniens Restaurants ist lang und zuckersüß. Genauso wie in den Supermärkten und 7-Elevens, die 24/7 (rund um die Uh, an 7 Tagen die Woche) geöffnet haben. In einigen Abteilungen gibt es sogar fertige Torten für zu Hause – am St. Patrick's Day, dem irischen Nationalfeiertag am 17. März, etwa in Grün, am Valentinstag, dem 14. Februar, in Pink, am amerikanischen Nationalfeiertag, dem 4. Juli, in patriotischem Rot-Weiß-Blau und zu Weihnachten natürlich ebenso. Viele Kinder lieben „Skittles" (www.skittles.com), eine Art „Smarties" mit Gummibärchenfüllung, die es inzwischen aber auch in Deutschland gibt. Besonders hübsch und lecker sind „York Peppermint Patties" (www.hersheys.com/york), dunkle Schokotaler mit Pfefferminzfüllung, in silberne Folie gewickelt. Eine süße und dennoch gesündere Alternative: Frozen Yogurt, zum Beispiel aus einer der Dairy-Queen-Filialen.

Tischmanieren

Burger, das ist ja wohl ganz klar, werden mit den Händen gegessen. Genau wie bei uns und überall auf der Welt. Die Tischmanieren der Amerikaner unterscheiden sich dennoch von den unseren, und zwar in der Benutzung des Bestecks. In Deutschland versucht man, den Kindern beizubringen, mit Messer und Gabel das Essen zu zerteilen und dann zu essen, Häppchen für Häppchen. Dabei behält man das Messer und auch die Gabel in der Hand. In Amerika hingegen schneidet man einen Bissen ab, legt dann das Messer aus der rechten Hand oben quer über den Teller, Schnittseite zum Essenden, nimmt die Gabel in die rechte Hand und legt die linke Hand solange auf die Serviette, die wiederum auf dem Schoß liegt – die Hand kommt also nicht, wie wir es lernen, auf den Tisch. Dann isst man den Bissen mit der Gabel in der rechten Hand und wiederholt den Ablauf. Aber keine Angst, es wird keiner gezwungen die amerikanischen Tischgewohnheiten zu übernehmen. Auch für Erwachsene gibt es besondere Handhabungen, etwa beim Griff zum Weinglas. Europäer greifen das Glas am Stiel, die Amerikaner am Kelch.

Doggy Bags

Sind Sie schon mal mit knurrendem Magen in ein amerikanisches Restaurant gegangen und konnten sich eine Vorspeise nicht verkneifen? Nun, dann kennen Sie das: Die Portionen sind riesig, der Salat, den man vorweg bestellt hat, schon eine den Magen füllende Angelegenheit. Und dann kommt noch der Hauptgang (Entree). Passt der nicht mehr rein, fragen Sie nach einer Doggy Bag, und Sie bekommen die Reste eingepackt.

Getränke, Wasser & Refill

Stilles Wasser mit Eis wird ungefragt auf den Tisch gestellt und kostet nichts. Das Wasser kommt aus der Leitung und ist in ganz Amerika stark gechlort. Wenn der Chlorgeschmack Sie stört, bestellen Sie am besten Soda Water. Bei großem Durst könnte der Refill einer Coke, Lemonade oder eines Ice Teas hilfreich sein. Bei einem

Saftiger Fruit Belt

Kalifornien gilt als Amerikas Fruchtgarten, auch Orangen gedeihen hier prächtig und sind extrem saftig und süß. Also perfekt, um im Wohnmobil oder in der Ferienwohnung ein paar der Südfrüchte auszupressen, denn 100 g Orange enthalten rund 50 mg Vitamin C. Der empfohlene Tagesbedarf liegt bei etwa 70 mg für Kinder im Alter von 4 bis 7 Jahren.

Refill bekommen Sie einfach immer wieder nachgeschenkt. Besonders köstlich für Kinder: Smoothies und Milkshakes. Cheers!

Wenn unaufgefordert die Rechnung kommt

In europäischen Ländern wie in Deutschland, Spanien, Italien, Österreich oder auch in der Schweiz kann ein Abend im Restaurant schon mal lang werden. Da wird in aller Ruhe gesessen, gespeist, getrunken und geredet. Man will die Zeit genießen. Nicht so in amerikanischen Restaurants. Meist kommen Sie gar nicht dazu, nach der Rechnung zu fragen. Bereits kurz nach der Bestellung des Desserts oder des abschließenden Kaffees wird Ihnen der Waiter bzw. die Waitress mit einem freundlichen Lächeln ungefragt die Rechnung auf den Tisch legen und Ihnen so unmissverständlich zu verstehen geben, dass der Tisch dann mit den nächsten Gästen besetzt werden soll.

2

KINDERFREUNDLICHE STRÄNDE

Glass Beach

Im Norden Kaliforniens gibt es zwar einige schöne Strände, zum Beispiel in Carmel mit Sand wie Zucker, doch zum Schwimmen oder Planschen ist das Wasser viel zu kalt. Im besten Fall lässt sich dort eine Partie Wikingerschach mit der Familie spielen, doch die frische Brise setzt schnell Grenzen. In San Francisco beträgt die durchschnittliche Temperatur des Pazifik selbst im August nur etwa 15 Grad. Um für Urlauber interessant zu sein, muss ein Strand also etwas ganz Besonderes bieten. Einer der wohl kuriosesten Strände der Welt liegt drei Autostunden nördlich von San Francisco in Fort Bragg. Im Sonnenschein funkelt der Glass Beach in allen Farben des Regenbogens, denn sein Boden ist mit Hunderttausenden winziger Glasscherben bedeckt, die das Meer zu bunten, glatten Kieseln geschliffen hat. An dem kleinen, zum geschützten MacKerricher State Park gehörenden Strand können Sie also über Glas wandeln, ohne die Körperbeherrschung eines Fakirs aufbringen zu müssen. Einer Seefahrerlegende nach sind die funkelnden Kiesel die Tränen von Meerjungfrauen, die immer dann am Ufer angespült werden, wenn ein Seemann ertrunken ist. In Wirklichkeit handelt es sich einfach nur um Abfall – und der ist

Regenbogen-Glitzer statt feiner Sand: der Glass Beach in Fort Bragg

Woher stammt das Glas?

Blau schimmernde Glassteine sind bei den Sammlern am beliebtesten, sie stammen von Medizin- und Parfümflaschen. Sehr selten sind rote oder orangefarbene Kiesel, die einst zu Autoscheinwerfern oder Schlitz-Bierflaschen aus den 1950er-Jahren gehörten.

mittlerweile eine Touristenattraktion. Wenig ökologisch denkend haben die Anwohner seit dem frühen 20. Jahrhundert Hausmüll, Elektrogeräte, Aquarien und sogar alte Autos über die Klippen auf den Strand gekippt. In Fort Bragg verhindern Felsformationen vorm Strand, dass der Müll weggespült wird. Tipp: Fahren Sie früh am Morgen los, denn spätestens ab 10 Uhr wird es voll am Glasstrand. Die meisten Glassucher folgen dem einfachen Weg (Easy Trail) und landen an einem weniger beeindruckenden Strandabschnitt. Wer den schwierigen Weg (Difficult Trail) einschlägt, muss einige Meter weiter eine Treppe ohne Geländer hinunter, wird aber mit größeren Kieseln belohnt, die in vielen Farben funkeln. Für Kinder ist das Abenteuer sowieso größer, wenn sie ein wenig klettern müssen, um bunte Raritäten zu finden. Mit einem Stück

Draht und einer Bastelzange wird aus einem gläsernen Fundstück im Handumdrehen ein schöner Kettenanhänger. Auf tolle Ideen kommen Glaskünstler im **SEA GLASS MUSEUM** mit Schmuckladen *[17801 N Highway 1, Fort Bragg, CA 95437, Tel. +1 707 357 15 85, tägl. 10-17 Uhr, www. internationalseaglassmuseum.com, www.glassbeachjewelry.com]*, das nur 3,2 Meilen auf dem Highway 1 vom Glass Beach entfernt liegt. Betrieben wird das Museum vom weißbärtigen Captain Cass Forrington, der nach eigenem Bekunden 150.000 Glasteilchen gesammelt hat und 3.000 selbst gefertigte Schmuckstücke in seinem Shop ab $ 5 zum Kauf anbietet. Auch die Sea Glass Puzzles sind Mitbringsel für Freunde, die es originell lieben.

ANFAHRT: *Den Highway 1 nördlich von San Francisco nehmen, in Fort Bragg vom Highway 1 auf die Elm Street abbiegen (bei Denny's). Dann ein paar Blöcke bis zum Glass Beach Drive fahren. Dort können Sie parken und zu Fuß zum Strand laufen.*

Kinderfreundliche Strände

Cool: von Fels zu Fels klettern

Santa Cruz Beach

Unübersehbares und unschlagbares Argument für den Main Beach in Santa Cruz ist natürlich der knallbunte Boardwalk *[www.beachboardwalk.com]* mit seinen Fahrgeschäften und Fast-Food-Buden. Wo sonst kann man sich quasi von der Achterbahn in die Wellen stürzen? Höhepunkt – zumindest für die Eltern – ist der Giant Dipper, ein Rollercoaster auf weiß-rot in der Sonne schimmernder Holzkonstruktion, der 1924 eröffnet wurde. Die wenig für Nostalgie anfälligen Kids bevorzugen Thrill Rides wie den Typhoon, in dem es kopfüber geht, oder die Shockwave, die hält, was ihr Name verspricht. Für die Kleinen gibt es ein romantisches Karussell und den Bulgy, in dem sie in Mini-Blauwalen ihre Kreise drehen können. Der Zugang zum Boardwalk ist kostenlos, die Fahrgeschäfte werden über eine Boardwalk Card bezahlt, die mit verschiedenen Tarifen aufgeladen werden

Maishund am Stiel

Typisch amerikanisch und der perfekte, fies fettige Jahrmarkt-Snack sind Corn Dogs – Würstchen, die in einem Maisteigmantel frittiert und auf einen Holzstab gespießt werden. Auf dem Boardwalk sind sie für $ 3 zu haben. Am besten schmecken sie auf den aus Surfbrettern gebauten Bänken oder direkt am Strand!

kann. Ein Armband, das den ganzen Tag unbegrenzte Free Rides ermöglicht, kostet $ 36,95. Picknickpausen kann man prima am breiten, langen Sandstrand einlegen, der vom Boardwalk über Holztreppen zu erreichen ist. Das Meer hat hier im Sommer ostseeähnliche Temperaturen, die Brandung ist gemäßigt, der Einstieg flach. Familien, die das Surfen lieben, steuern westlich des Boardwalk die am West Cliff Drive gelegenen Strände an. Die Dünung ist hier selbst an windstillen Tagen erstaunlich hoch und bricht zwischen Strand und Steilküste. Am Lighthouse Point treffen sich die Cracks, die all ihr Können brauchen, um nicht auf die Klippen zu prallen. Allein das Zugucken macht Spaß – und das Zuhören! Es sind aber nicht die Bretter, die hier röhren, sondern Seelöwen, die auf dem vorgelagerten Fels in der Sonne lümmeln.

ANFAHRT: *Auf dem Highway 17 oder dem Highway 1 nach Santa Cruz, dort den Hinweisschildern zum Santa Cruz Beach folgen.*

Smartes Upcycling: Surfbrett wird Bank

Kaum zu glauben, dass die „SS Palo Alto" einmal ein Amüsierschiff war

Seacliff State Beach

Huch, was macht denn das Schiffswrack am Ende des Piers? Von Seevögeln bevölkert, ragt morbide und dennoch imposant die „SS Palo Alto" aus dem Pazifik. Der aus Beton (!) erbaute Tanker kam niemals zum Einsatz und wurde 1929 an den Seacliff Beach in die Monterey Bay gezogen, vor dem Strand auf Grund gesetzt und in ein Amüsierschiff verwandelt. Es gab einen beheizten Pool, einen großen Dancefloor und karnevaleske Aktivitäten an Deck. Nach nur zwei Saisons ging der Betreiber Cal-Nevada Company jedoch pleite, die „SS Palo Alto" rottete vor sich hin und wurde von Fischern genutzt. Heute gilt: Betreten verboten! Die Fantasie regt das Wrack dennoch an und der Strand ist lang, weit und mit flachem Einstieg perfekt für Kinder. Es gibt reichlich Platz für Strandspiele und auf dem Pier ist das Fischen auch ohne Lizenz erlaubt. Geparkt wird oben am Kliff, über Holztreppen geht es hinunter an den Strand, wo es WCs und Picknicktische gibt. Im **SNO-WHITE DRIVE-IN** *[223 State Park Drive, Aptos, CA 95003, Tel. +1 831 688 47 47, tägl. 6-21 Uhr]*, nur ein paar Blocks vom Parkeingang entfernt, können Sie sich zu sehr fairen Preisen mit rustikalem Food, Burgern, Fritten, Würstchen sowie Pancakes versorgen.

ANFAHRT: *8 Kilometer südlich von Santa Cruz vom Highway 1 die Ausfahrt Seacliff State Park nehmen. State Park Drive, Aptos, CA 95003, Tel. +1 831 685 65 00, www.parks.ca.gov, pro Fahrzeug $ 10/Tag.*

23

Hohe Palmen, feinster Sand – mehr Bilderbuchstrand geht kaum

Santa Barbara East Beach

Wie grüne Puschel auf überlangen Cheerleader-Armen ragen die hohen Palmen am East Beach in Santa Barbara (siehe Tour 12, S. 89) in den Himmel. In endlosen Reihen flankieren sie den Chase Palm Park, der sich als schmaler Grünstreifen zwischen der Straße und den Parkplätzen (kostenlos, aber an Sommerwochenenden schnell belegt) und dem feinen Sandstrand entlangzieht. Der Strand ist schön, breit und fällt kinderfreundlich flach ins Meer ab. Die durchschnittliche Wassertemperatur beträgt im Juli und August etwa 18 Grad – das sind Ostsee-Verhältnisse. Wer sich umschaut, versteht, dass die Küste um Santa Barbara als „Amerikanische Riviera" gilt. Die örtliche Gepflegtheit hat einen mondänen Touch, Promis wie Kirk Douglas oder Oprah Winfrey haben sich hier niedergelassen. Doch Schickimicki ist nicht, dazu bevölkern

Wale gucken

Santa Barbara gilt das ganze Jahr über als Eldorado für Whale Watching. Das **SAILING CENTER** (Adresse unten im Text) bietet 2,5-stündige Katamaran-Touren zum Wale-Gucken für $ 40 (Erw.) bzw. $ 20 (Kids unter 12 J.), gratis für Kinder unter 2 J. Bei **CONDOR EXPRESS** gibt es tägl. ab 10 Uhr 4,5-stündige Touren für $ 79, Kinder (unter 12 J.) zahlen die Hälfte. *301 W Cabrillo Boulevard, Santa Barbara, CA 93101-3886, Tel. +1 805 882 00 88, www.condorexpress.com.*

zu viele lässige Surfer und Lebenskünstler die Straßen. Am Strand ist viel Platz für Ballspiele, besonders beliebt ist Beachvolleyball, Netze sind den ganzen Sommer über aufgestellt. Ansonsten gibt es keine touristische Infrastruktur am Strand. Verpflegung sollten Sie also mitbringen, zumal die Restaurants und Eisdielen (ab $ 5 pro Portion!) in der Nähe teuer sind. Wer Richtung Stearns Wharf, dem Fishing Pier, spaziert, gelangt zum West Beach genannten Strandabschnitt, der noch ein wenig lauschiger ist. Auch hier gibt es kostenlose Parkplätze am Straßenrand. Auf der Wharf befinden sich einige Restaurants, alle recht kostspielig. Zum Essen sollten Sie deshalb ein wenig fahren.

Im Hafen (Parkgebühren $ 3/Tag) haben Sie die Möglichkeit, eine Unterrichtsstunde im **STAND-UP-PADDLING** im **SANTA BARBARA SAILING CENTER** *[302 W Cabrillo Boulevard, Santa Barbara, CA 93101, Tel. +1 805 962 28 26, www.sbsail.com, Board-Miete $ 25/Std., $ 100/Tag]* zu buchen, ein Board zu leihen oder sich einer Tour anzuschließen. Da das Meer hier oft spiegelglatt ist, finden Einsteiger ideale Bedingungen für den Sport, an dem auch Kids Spaß haben werden. Die Jüngsten können ja bei Mama oder Papa auf dem Board mitfahren.

ANFAHRT: *Von der US Route 101, die hier auch California State Route 1 heißt, geht es gen Süden auf die Garden Street, die direkt zur Pazifikküste führt. Am East Cabrillo Boulevard nach links abbiegen, auf der rechten Straßenseite befindet sich dann der Santa Barbara East Beach.*

Bildhauer Berti

„Und was machen wir jetzt?" Auch am schönsten Strand kann es unternehmungslustigen Kids ab und zu mal langweilig werden. Ein kleines Spiel zwischendurch sorgt für Abwechslung: Zuerst wird ausgelost oder mit einem Abzählreim ermittelt, wer der Bildhauer Berti wird. Dieser soll eine Statue liefern, doch sein Kunde ist sehr anspruchsvoll: Nur die allerbeste Qualität wird akzeptiert. Zum Glück verfügt Berti jedoch über magische Kräfte … Berti geht jetzt an die Arbeit: Während die Kinder am Strand umhergehen, -hüpfen, -schleichen, -krabbeln etc., sagt er plötzlich den Zauberspruch: „Dick, dünn, groß und klein, Statuen sollt ihr alle sein!" Daraufhin müssen alle zu Statuen erstarren, also in der Position verharren, in der sie sich beim letzten Wort des Zauberspruches befinden. Anschließend geht der Bildhauer herum und überprüft seine Arbeit. Jeder muss jetzt versuchen, so lange wie möglich regungslos zu verharren – gar nicht so einfach auf dem weichen, sandigen Untergrund! Wer sich bewegt, wackelt oder das Gleichgewicht verliert, scheidet aus. Nur der, der am längsten durchhält, kommt für die Lieferung infrage. Er wird in der nächsten Runde zum Bildhauer.

Venice Beach

Lassen Sie sich von Miesmachern nicht verwirren, die Venice Beach, Los Angeles, als verlottertes Areal fitnessfixierter Gecken abtun: Am 4,5 Kilometer langen, südlich an den Santa Monica Beach (auch sehr hübsch mit seinem Riesenrad auf dem Pier) anschließenden Strand können Sie mit Ihren Kindern Wochen verbringen, ohne sich zu langweilen. Okay, der Boardwalk ist immer gut bevölkert, aber die Leute gehen lässig miteinander um, übertriebene Hektik scheint man hier nicht zu kennen. Die Straßenkunst ist oft atemberaubend, es kann Ihnen passieren, dass Sie mit anderen Passanten zu einem Sechs-Personen-Hindernis verknotet werden, über das ein Skater locker drüberhüpft. Der Strand selbst ist feinsandig und breit, oft gut besucht, aber selbst in der Hochsaison nicht überfüllt. Fein abgezirkelte Reihen mit Strandliegen und Schirmen gibt es hier nicht, jeder pflanzt sich mit seinem Handtuch hin, wo er mag, kostenlos. Surfer sind an den Piers unterwegs, auch Anfänger sind gern gesehen. Die Brandung ist mäßig, selbst kleine Kinder können auf dem Boogie-Board einen Riesenspaß haben. Nicht weit vom legendären Muscle Beach zwischen 18th und

Showstopper Parkplatzsuche

Am Venice Beach kann es schwierig werden, einen Parkplatz zu finden. Sehr hilfreich bei der Suche ist die Website und App *www.losangeles. bestparking.com*. Sie zeigt eine Übersicht der öffentlichen Parkplätze eines Viertels an – inkl. Preisvergleich und Foto. Wer nicht allzu weit weg nächtigt, kann auch bei Uber (siehe Kasten S. 102) günstig einen Wagen zum Strand bestellen.

Perfekt für eine Eis-Pause unweit des legendären Muscle Beach: Staunen im Skaterpark

Rettungsschwimmer-Bude in Venice: bei Fotografen so beliebt wie der Eiffelturm

Eis, Eis, Baby …

Regenbögen, Einhörner, Luftballons und ein Pool voll mit Streuseln, Gummibärchen, rosa Zuckerwatte und natürlich das leckerste Eis ever. Cooler geht es wohl kaum – oder kitschiger. Das genialste Museum in Los Angeles ist beliebtes Reiseziel, Fotomotiv und 25 Autominuten von Venice Beach entfernt. Schauen Sie bei Instagram unter dem Hashtag #moic und probieren Sie unbedingt „Vanilla Ice, Ice, Baby"!

MUSEUM OF ICE CREAM, *2018 E 7th Place, Los Angeles, CA 90021, Tel. +1 855 258 07 19, www.museumoficecream.com, Mi-Mo 10-22 Uhr, Ticket $ 29, unter 3 J. frei. Einen Ableger gibt es in San Francisco, 1 Grant Avenue, San Francisco, CA 94108, Tel. +1 855 258 07 19, Mi-Mo 10-22 Uhr, Ticket $ 38, unter 3 J. frei.*

19th Avenue, an dem Athleten mit gut geölten Körpern open air trainieren, gibt es eine Halfpipe für Skater, an der wir mit unseren Kindern Stunden staunten. Sie können sich hier überall Räder leihen, um das Areal auf für Radfahrer und Inlineskater reservierten Wegen zu erkunden. Es lohnt auch, durch das von Kanälen durchzogene Venice zu radeln und in einem der zahllosen Freiluft-Restaurants einzukehren. Sehr lecker und gemütlich ist es etwa im **CHARCOAL VENICE** *[425 W Washington Boulevard, Los Angeles, CA 90292, Tel. +1 310 751 67 94, tägl. 18-22, Sa/So Brunch 10.30-14.30 Uhr]*, einem Nachbarschafts-Spot, in dem alles über dem offenen Feuer zubereitet wird. Die Portionen sind gut, die Preise fair und selbst Basics wie das gegrillte Hähnchen sehr lecker.

ANFAHRT: *Von einem zentralen Punkt wie dem Los Angeles County Museum of Art (Wilshire Boulevard) die Fairfax Avenue ca. 1 Meile südl. bis Venice Boulevard nehmen, der in den Venice Way übergeht und nach Venice Beach führt.*

Kinderfreundliche Strände

An den Stränden des Leo Carrillo State Park fühlen sich Naturfreunde wohl

Leo Carrillo State Park

45 Kilometer nordwestlich von Santa Monica liegt dieser lauschige Park mit felsgesäumten Stränden, kleinen Gezeitenbecken, Höhlen und Riffen, die schnorchelnd erkundet werden können. Hier treffen sich Surfer, Windsurfer, Boogie-Boarder und Menschen, die das Strandleben jenseits des Bling-Bling à la Malibu Beach schätzen. Umgeben von einem State Park mit sieben Campingplätzen (der Familienplatz hat 135 Sites) und Stellplätzen auch für Wohnmobile ist dies der ideale Platz für einen Familienstrandtag. Im Park gibt es zwei Lifeguard-Stationen und Duschen, die mit 1-Dollar-Noten gefüttert werden müssen. Das Campfire Center neben dem Campingplatz bietet kostenlose einstündige Campfire Programs mit einem Ranger an, der spannende Geschichten zur Natur ringsum zu erzählen hat. Vom Park können zahlreiche Wanderungen, auch in Begleitung von Rangern, gestartet werden. Infos erhalten Sie im Visitor Center neben dem Eingang.

LEO CARRILLO STATE PARK, *35000 Pacific Coast Highway, Malibu, CA 90265, Tel. +1 310 457 81 43, www.parks.ca.gov/ leocarrillo, tägl. 8-22 Uhr, Parken $ 3/Std., $ 12/Tag.*

200 Zungenschläge

Etwa 60,5 % der Kalifornier sprechen Englisch und 25,8 % Spanisch als Muttersprache. Auf dem dritten Platz liegt das Hochchinesische mit 2,6 %, gefolgt von Tagalog (2,0 %) und Vietnamesisch (1,3 %). Insgesamt sind in Kalifornien mehr als 200 Sprachen zu hören, davon über 100 Indianersprachen. Seit 1986 ist Englisch gemäß Verfassung als Amtssprache festgelegt.

Manhattan Beach und Hermosa Beach

Wem Venice Beach zu trubelig ist, der fährt am Pazifik knapp 20 Kilometer südlich nach Manhattan Beach und Hermosa Beach, der vielen als der mit Abstand schönste Strand in der Region gilt. Beide Strände sind breit, flach, kinderfreundlich und bieten eine äußerst relaxte Atmosphäre. Schwimmen, planschen, surfen, Beachvolleyball spielen oder einfach nur chillen, alles, was Familien am Strand lieben, ist hier möglich. Manhattan Beach wird von einem Bike Path gesäumt, der zu einer Tour einlädt. Räder können Sie in Strandnähe leihen, z. B. bei

HELEN'S CYCLES *[1570 Rosecrans Avenue Suite C, Manhattan Beach, CA 90266, Tel. +1 310 321 52 90, www.helenscycles.com, Mo-Fr 10-19, Sa 9-18, So 11-17 Uhr, Rad für Erw. ab $ 40/Tag].* Auf dem schönen Pier residiert das angenehm unspektakuläre **ROUNDHOUSE AQUARIUM** *[Manhattan Beach Pier, Manhattan Beach, CA 90266, Tel. +1 310 379 81 17, www.roundhouseaquarium.org, Mo-Fr 14-17, Sa/So 10 Uhr bis Sonnenuntergang, Eintritt frei, Spende von $ 2-5 erbeten],* das eine ozeanografische Lehrstation beherbergt, die über das Leben unter Wasser informiert. In der Kids' Area gibt es maritime Bücher und Puzzles – nett für einen kurzen, lehrreichen Zwischenstopp. In beiden Orten kann man kostenlos in den Seitenstraßen oder gegen geringe Gebühr ($ 1,50/Std., 25-Cent-Stücke parat haben!) am Strand parken. In Manhattan Beach gibt es sanitäre Einrichtungen und Lifeguards, in Hermosa Beach nicht.

ANFAHRT: *Ab der Marina in Venice südlich in den Culver Boulevard, dann auf der Vista del Mar die Küste entlang, bis diese zur Highland Avenue wird und nach Manhattan Beach führt. Ein Stück weiter die Küste entlang stößt man auf Hermosa Beach.*

Kinderfreundliche Strände

Blick auf den Manhattan Beach Pier mit Roundhouse Aquarium

Crystal Cove State Park

Der Crystal Cove State Park zwischen Los Angeles und San Diego beherbergt wunderschöne Strandabschnitte, die über vier Parkplätze zugänglich sind. Die Brandung ist hier auch für Kinder geeignet und es gibt Gezeitenbecken, in denen die Kleinsten planschen können. **MORO BEACH** ist besonders bei Tagesausflüglern beliebt. Da der Strand sehr leicht zugänglich ist, treffen sich hier Sportive, die einiges an Equipment benötigen: Kajakfahrer, Stand-up-Paddler, Body-Boarder. Eine Treppe führt am Parkplatz von Reef Point zur Scotchman's Cove. Hier finden Sie südlich eine Rampe zum **MUDDY CREEK**, einem fantastischen Revier für Body-Surfer jeden Alters. Vom Parkplatz am Historic District kann man zu einer Enklave von 46 sehr romantischen Holzcottages am Strand spazieren, von denen einige zu

Speisen am Strand

Butterkuchen, Tacos, Steaks, Pasta und leckere Suppen: Während Sie auf das Essen warten, können die Lütten am Strand nach Muscheln suchen. **THE BEACHCOMBER** ist ein schmuckes Restaurant-Cottage mitten im Herzen des Historic District. Wer einmal Platz genommen hat, will so schnell nicht wieder los. *15 Crystal Cove, Newport Coast, CA 92657, Tel. +1 949 376 69 00, www.thebeachcombercafe.com.*

mieten sind (Crystal Cove Beach Cottages, www.crystalcove.org). Die verwinkelten Häuschen, in den 1930ern und 1940ern errichtet, wurden nach und nach liebevoll restauriert.

CRYSTAL COVE STATE PARK, *8471 N Coast Highway, Laguna Beach, CA 92651, Tel. +1 949 494 35 39, www.crystalcovestatepark. org, pro Fahrzeug $ 15/Tag.*

Toll zum Body-Surfen und Spazierengehen: die Crystal Cove Beaches

Treffpunkt Boardwalk: Mission Beach im Abendlicht

Mission Beach

San Diegos gut 3 Kilometer langer Hauptstrand sieht genauso aus, wie die meisten Kids es sich erträumen: Er schimmert weiß und weit in der Sonne, die Brandung ermöglicht tolles Body-Surfing, ist aber nicht zu stark. Der Boardwalk ist voll bunter Leute, die nicht selten auf Rollen unterwegs sind und auch mal exotische Haustiere wie Leguane auf der Schulter ausführen. Für alle Strandaktivitäten gibt es genug Platz und, wenn nötig, das passende Equipment zu leihen. Am nördlichen Ende des Strandes liegt **BELMONT PARK**, ein Vergnügungsareal mit zahlreichen Rides und einem historischen Rollercoaster aus den 1920er-Jahren, dem Big Dipper. Am Belmont Park findet sich sogar ein Indoor-Pool von olympischen Ausmaßen, falls die Sonne mal nicht ganz so hell vom Himmel scheint. Am Strand gibt es zahlreiche WCs, Lifeguards und auch das Parken ist in den Seitenstraßen, mit etwas Glück sogar kostenlos, machbar.

Go with the Flow

Der Flowbarrel oder auch Flowrider ist genau das Richtige für Teens mit Surf-Ambitionen: Die Apparatur erzeugt spektakuläre, künstliche Wellen. Hier natürlich mit reichlich Musikbeschallung und Lichteffekten. **THE WAVE HOUSE**, *3125 Ocean Front Walk, San Diego, CA 92109, Tel. +1 858 228 92 83, www.wavehouse.com, tägl. 12-20 Uhr, ab $ 45/Std., Kinder brauchen eine Einverständniserklärung der Eltern*

BELMONT PARK, *3146 Mission Boulevard, San Diego, CA 92109, Tel. +1 858 228 92 83, www. belmontpark.com, Tagesticket (Armband) Erw. $ 27, Kinder (unter 1,20 Meter) $ 17*

La Jolla

Grüne Wiesen, von Palmen gesäumt, unter denen die Kinder spielen können, begrenzen diesen 1,6 Kilometer langen, sehr familienfreundlichen Strand. San Diegos Stadtteil **LA JOLLA**, zu Deutsch „Das Juwel", liegt 22 Kilometer nördlich vom Zentrum. Der Boardwalk eignet sich prima zum Radfahren, Inlineskaten oder einfach zum Flanieren, hier befindet sich auch ein schöner Spielplatz. Der weite, flache Strand ermöglicht Anfängern gemächliches Surfen, auch Kajakfahrer lieben diesen Spot. Familien, die gern schnorcheln, fahren die Küstenstraße noch ein wenig weiter zum **LA JOLLA COVE BEACH**. Die von Felsen umschlossene Bucht haben Seehunde zu ihrem Revier erkoren, ebenso den noch etwas weiter südlich gelegenen **CHILDREN'S POOL BEACH**, an dem sich die Robben und Seelöwen allerdings dermaßen breitgemacht haben, dass die Men-

Schwimmende Machos

Seehunde können 200 Meter tief und 30 Minuten lang tauchen. Sie werden etwa so groß wie menschliche Teenager (Männchen 1,70 Meter, Weibchen 1,40 Meter), wiegen aber das Doppelte: 150 bzw. 100 Kilo. Weibchen werden im Schnitt 10 Jahre älter als Männchen, die schon mit rund 25 Jahren sterben. Der Grund: Sie verausgaben sich in ständigen Rangeleien mit ihren Geschlechtsgenossen.

schen ihnen nur noch zuschauen und sich selbst nicht mehr ins Wasser wagen können. Die Tierbeobachtung macht hier dafür viel mehr Spaß als in einem abgezirkelten Zoogehege.

ANFAHRT: *In San Diego den La Jolla Shores Drive zum Kellogg Park nehmen, in dem La Jolla Shores Beach liegt.*

Fernglas nicht vergessen: Seehunde beim Sonnenbad am Children's Pool Beach

3

14 TOUREN, DIE ALLEN SPASS MACHEN

Tour 1: Über das goldene Tor radeln

SAN FRANCISCO • SAUSALITO

WO: *über San Franciscos Golden Gate Bridge nach Sausalito –* **WIE:** *mit dem Fahrrad, mit der Fähre und zu Fuß –* **DAUER:** *Halbtages- oder Tagestour –* **NICHT VERGESSEN:** *Getränke, winddichte Jacken, Frisbee*

67 Meter über dem Meer, also noch einmal 20 Meter über der Flamme, die die Freiheitsstatue von New York in den Himmel reckt, geht es auf dieser Tour mit den Rädern über die Golden Gate Bridge bis ins Hausboot-Paradies in Sausalito. Die Route startet bei

Die Golden Gate Bridge – ohne Pelikane

Orange Bridge

An den wenigen nicht nebel-verhangenen Tagen über der Bay könnte man meinen, das Sonnenlicht golden auf San Franciscos Wahrzeichen schim-mern zu sehen, aber nein: Die Golden Gate Bridge ist nicht golden. Aber sie ist auch nicht rot! Die genaue Farbbezeichnung lautet „International Orange" und wird auch für die Anzüge von Astronauten verwendet.

einem der in der Nähe der Brücke gelegenen Fahrradverleihe, etwa **GOLDEN GATE BRIDGE BIKE RENTAL** *[2157 Lombard Street, San Francisco, CA 94123, Tel. +1 628 444 33 85, www.goldengatebridgebikerental.com, tägl. 9-17 Uhr, Fahrrad Erw. ab $ 8/ Std., $ 27/Tag, Tandems $ 20/Std., $ 54/Tag, zahlreiches Kinder-Equip-ment (Sitze, Anhänger) ab $ 8/Std., $ 25/Tag. Bei Online-Buchung 20 % Rabatt!].* Klasse sind hier die Erwach-senenräder mit „Kinder-Extension": ein mit einer Art Anhängerkupplung an das Eltern-Bike montiertes Junior-rad. Die Kids können mittreten oder sich in schlappen Phasen von den Eltern ziehen lassen. Auch eine gute Wahl: Tandems! Wer seine Kräfte schonen möchte, kann den Trip auch auf E-Bikes unternehmen, die es ab $ 48 pro Tag bei **BLAZING SADDLES** gibt *[www.blazingsaddles.com].*

Dünenlandschaft und Pelikane

Radeln Sie nun etwa 4,5 Kilometer, etwa 16 Minuten, gen Westen zur Brücke. Sie passieren Crissy Field, eine schöne Dünenlandschaft. Von der Golden Gate Promenade haben Sie die Brücke immer schön im Blick. Schauen Sie ganz genau hin: Mit etwas Glück entdecken Sie Pelikane, die vor der Brücke durch die steife Brise gleiten und tief unten nach Fischen jagen, die sie in ihrem Schnabelbeutel abtransportieren. Auf halbem Weg zur Brücke kommen Sie am **WALT DISNEY FAMILY MUSEUM** vorbei *[104 Montgomery Street, San Francisco, CA 94129, Tel. +1 415 345 68 00, www.waltdisney.org, Mi-Mo 10-18 Uhr, Erw. $ 25, Kinder (6-17 J.) $ 15]*. Disney-Fans, die ganz genau wissen wollen, mit welcher Akribie Charaktere wie Bambi, Pinocchio oder Micky Maus zeichnerisch entwickelt und im Trickfilm zum Leben erweckt wurden, kommen in dieser Kultstätte ganz sicher auf ihre Kosten. Aber das Museum ist kein Erlebnispark à la Disneyland – die interaktiven Elemente sind begrenzt und insbesondere für kleinere Kinder ist der Besuch eher nichts.

Weiter also zur Brücke. Kurz bevor Sie die 2.737 Meter lange Konstruktion mit sechsspuriger Straße, Rad- und Fußweg erreichen, kommen Sie an einem hübschen, weiß gestrichenen Holzhaus vorbei. Es wurde 1909 erbaut und gilt hier somit schon als historisch. Innen ist das **CAFÉ WARMING HUT** untergebracht, in dem Sie sich für die Überfahrt mit Hot Dogs, leckerer Tagessuppe, vegetarischem Chili oder Salat stärken können *[983 Marine Drive, San Francisco, CA 94129, Tel. +1 415 561 30 40, tägl. 9-17 Uhr]*.

Fußgänger und Radfahrer teilen sich den Weg, deshalb gilt: Immer schön aufpassen!

Mit wehenden Haaren ins Hausboot-Paradies

Da sich Radfahrer und Fußgänger den Weg über die Brücke teilen, ist Wachsamkeit gefragt und auch die Klingel kommt öfter mal zum Einsatz. Meistens ist es kühl und windig auf der Brücke, deshalb ziehen Sie am besten gleich zu Beginn die Jacken über. Dem grandiosen Ausblick von der 1937 eingeweihten Brücke, die damals als längste Hängebrücke der Welt galt und auch sonst etliche Superlative sprengte, tut die herbe Witterung keinen Abbruch. Im Gegenteil, mit wehenden Haaren fühlt sich die Überquerung noch viel abenteuerlicher an. Auf der anderen Seite angekommen, wird es im Sommer sofort wieder warm und die Jacken können zurück in den Rucksack. Sie steuern nun das nordöstlich gelegene Sausalito an, in dem es mehr Jachten als Menschen zu geben scheint. Am nördlichen Ende des Ortes gibt es ein Areal mit schwimmenden Kinder-Traumhäusern. Neben konventionellen und luxuriösen Hausbooten finden sich hier auch Schwimmkörper, die aussehen, als hätte sie ein sehr gut gelaunter Daniel Düsentrieb zusammengeschraubt. Zahlreiche Aussteiger und Hippies ließen sich an den Stegen in den 1960er-Jahren nieder, da auf dem Wasser keine Kosten für Grund und Boden anfielen. Flower-Power-Atmo und Gitarrenmusik wehen auch heute noch über die Piers, insbesondere über das **MAIN DOCK**, das **LIBERTY DOCK** und das **ISSAQUAH DOCK**. Stellen Sie die Fahrräder ab, spazieren Sie über die Holzstege und suchen Sie sich mit Ihren Kindern Ihren Lieblingswohnsitz für das fiktive Leben auf dem Wasser aus.

Auf den Wellen zurück

Mit der **SAUSALITO FERRY**, die auch Fahrräder mitnimmt, geht es wieder zurück nach San Francisco *[www. goldengateferry.org, Anleger Downtown Sausalito an der Humboldt*

Flower-Power-Atmo rund um die DIY-Hausboote in Sausalito

Glückliche Atome

Eine Zahnbürste hilft dabei, Radio-Sounds nicht mit den Ohren, sondern mit dem ganzen Körper zu hören, und verschiedene Lichtquellen erzeugen bunte Schatten: Diesen und anderen naturwissenschaftlichen Phänomenen können Sie im **EXPLORATORIUM** nachgehen. San Franciscos Wissenschaftsmuseum wurde 1969 von Frank Oppenheimer, dem Bruder von Robert Oppenheimer („Vater der Atombombe"), gegründet und residiert in einem großzügigen Neubau von 2013. Tipp: Im Museumsstore gibt es Experimentier-Sets für zu Hause, etwa ein „Perfume Lab Kit" oder das „Happy Atoms Introduction Set". *Pier 15, The Embarcadero, San Francisco, CA 94111, Tel. +1 415 528 44 44, www.exploratorium. edu, Di-So 10-17, Do zusätzlich 18-22 Uhr, Erw. $ 29,95, Kinder (4-12 J.) $ 19,95.*

und Anchor Street, *Abfahrten alle 30 Min., Karten im Automaten am Anleger oder online, Erw. $ 16, Kinder (5-18 J.) $ 6].* Auf der Fähre könne Sie die ganze Bucht überblicken – die beiden Brücken Golden Gate sowie Bay Bridge, Alcatraz und natürlich San Francisco selbst. Fotografen und Video-Fans kommen voll auf ihre Kosten! Nach dem Anlegen entscheiden Sie, wie es weitergeht. Falls Sie mit kleinen Kindern unterwegs sind,

sollten Sie sich den zweiten Part der Tour vielleicht schenken oder aber für einen anderen Tag aufsparen. Es geht in den **GOLDEN GATE PARK**, dorthin sind es rund 40 Minuten zu radeln und später noch etwa eine Stunde zurück bis zum Fahrradverleih. Wenn das Team sich stark genug fühlt, steigt es auf die Räder und macht sich auf nach Süden zu San Franciscos grüner Lunge *[goldengatepark.com]*, die sogar noch größer ist als der Central Park in New York: 4,1 Quadratkilometer. Zu Fuß kann man hier gut den ganzen Tag herumspazieren, mit dem Fahrrad geht es jedoch schnell, die schönsten Ecken abzufahren.

Besuch bei Claude, dem Albino-Alligator

Ein toller Platz für einen Zwischenstopp ist der (künstliche) Wasserfall auf dem **STRAWBERRY HILL** oder das Ufer des **STOW LAKE** mit seinem chinesischem Pavillon. Falls Sie noch nicht genug von Wasser und Booten haben, können Sie im **BOOTSHAUS** am See ein Ruder- oder Tretboot oder beides leihen *[Tel. +1 415 702 13 90, tägl. 9-17 Uhr, Ruderboot $ 21,50/Std., Tretboot (für 4-6 Pers.) $ 37/Std.]* und eine Runde drehen. Gerade wenn das Wetter nicht so fantastisch ist, ist die **CALIFORNIA ACADEMY OF SCIENCES** *[55 Music Concourse Drive, San Francisco, CA 94118, Tel. +1 415 379 80 00, www.calacademy.org, Mo-Sa 9-17, So 11-17 Uhr, Erw. $ 35,95, Teens (12-17 J.) $ 30,95, Kinder (4-11 J.) $ 25,95]* eine Top-Adresse für den Familienausflug. Schon das mit vielen Bullaugen bestückte, grün bepflanzte und wie ein schwimmender Rochen geformte Dach dieses Baus von Star-

Gestatten: Claude, der Albino-Alligator

Architekt Renzo Piano macht Lust, das, was darunterliegt, zu erkunden. Ein Regenwald, ein Planetarium und das Steinhart Aquarium im Untergeschoss illustrieren die Themen, um die es hier geht: Naturkunde und Naturschutz. Neben den Afrikanischen Pinguinen ist sicherlich Claude einer der spektakulärsten Bewohner des Hauses: Versuchen Sie doch mal, dem amerikanischen Albino-Alligator tief in die roten Augen zu schauen. Wer durch die verschiedenen Räume streift, bekommt einen tiefen Einblick in die Schönheit der Flora und Fauna der Welt und wird ohne Zeigefinger-Stress inspiriert, sich für deren Erhalt starkzumachen. Was will man mehr erwarten von einem Museumsbesuch mit Kindern?!

Einfach mal chillen
Wenn Sie noch ein wenig im Park verweilen möchten, können Sie sich zunächst mit leckeren Snacks aus der **ARIZMENDI BAKERY** (siehe Kasten rechts) versorgen. Im westlichen Teil des Parks gibt es ein Büffelgehege und gleich drei Spielplätze bieten sich an, um sich mit den Kids noch einmal so richtig auszutoben. Das fein ziselierte,

romantische Gewächshaus Conservatory of Flowers ebenso wie der schön angelegte Japanese Tea Garden laden dann zu finalen Ruhepausen ein – sind aber gerade für quirlige Kids nicht die erste Anlaufstelle. Da der Tag schon prallvoll mit neuen Eindrücken war, ist es auch eine gute Idee, sich einfach auf einer der Wiesen niederzulassen, ein bisschen gemeinsam zu chillen oder die Frisbeescheibe fliegen zu lassen. Nicht vergessen: Für das Finale benötigen Sie noch eine knappe Stunde auf dem Sattel, um gen Nordosten zurück zum Fahrradverleih zu radeln.
[Tipps für Unterkünfte in San Francisco im Kasten auf S. 44.]

Frisch aus dem Ofen

Nur zwei Blocks vom Golden Gate Park entfernt gibt es eine der besten (Pizza-)Bäckereien der Stadt. In der **ARIZMENDI BAKERY** landen auf krossem Sauerteigboden nur frischeste, organisch angebaute Zutaten. Für einen köstlichen Park-Snack tut es auch ein krosses Baguette mit einer Portion Hummus. Lecker danach und ebenfalls aus der hauseigenen Backstube: Chocolate Fudge Cake ($ 5) oder eine Pecan Roll ($ 3,25).
1331 9th Avenue, zwischen Irving und Judah, San Francisco, CA 94122, Tel. +1 415 566 31 17, www.arizmendibakery.com, Di-Fr 7-19, Sa/So 7.30-18 Uhr, Pizza ab 11 Uhr.

Tour 2: Von Glückskeksen zu Pechvögeln

SAN FRANCISCO: CHINATOWN • ALCATRAZ

WO: *San Franciscos Osten* – **WIE:** *per Cable Car und zu Fuß* – **DAUER:** *Tagestour* – **NICHT VERGESSEN:** *Rucksack für Souvenirs, Obst und Getränke, bequeme Schuhe, eine Handvoll Quarter*

In Kalifornien eine Rarität, aber: San Francisco ist eine prima Stadt für Fußgänger und Flaneure. Die Straßen schlängeln sich die knapp 50 Hügel der Stadt hinauf und wieder hinunter, sie sind kurvig und überschaubar und haben nichts von den Schachbrett-Mustern, die Städte wie Los Angeles oder New York prägen. Für längere Passagen dieser Entdeckertour nehmen Sie einfach die rote Powell/

Hyde Line der über 130 Jahre alten **CABLE CAR**, lassen sich ein paar Stationen kutschieren und den Fahrt-wind um die Nasen wehen *[Abfahrt alle 10 Min., Ticket $ 7 (eine Richtung), Tagespass $ 17, Kinder bis 4 J. frei, Tickets sind in der Bahn erhältlich]*, bevor es zu Fuß durch den größten Satelliten Chinas geht. Am Meer angekommen, setzen Sie per Boot auf die Insel Alcatraz über, auf der einst Sträflinge vom Kaliber Al Capones das legendäre Zuchthaus bevölkerten.

Unterwegs mit dem Gripman

Los geht's mitten im Zentrum, wo Market Street und Powell Street sich treffen. Zahlreiche Straßenartisten, Zauberkünstler und Musiker geben alles, um Sie und vor allem die Kinder

14 Touren, die allen Spaß machen

Eine aus der Zeit gefallene Art der Fortbewegung: per Cable Car die Powell Street hinab

länger in ihren Bann zu ziehen, als Sie selbst es vorhatten – oft mit Erfolg. Eine der langen Menschenschlangen windet sich hier allerdings um eine eher technische Variante der Straßenkunst: den Start- und **WENDEPUNKT DER CABLE CAR**. Hier ist zu sehen, wie die Waggons mit einem lauten Ächzen gewendet werden und der Gripman, der Fahrer, die neu justierte Bahn wieder „auf Spur" bringt, also dafür sorgt, dass sich die Cable Car per Hakenvorrichtung wieder an die Stahlseile unter den Schienen klemmt. Okay, das ist ein Touristen-Hotspot par excellence, aber auf eine aus der Zeit gefallene Art sehr hübsch. Steigen Sie hier noch nicht in die Bahn, sondern spazieren Sie etwa 300 Meter weiter zum Union Square, der im Schatten hoher Palmen liegt. Auf diesem Weg passieren Sie fast alle großen Markenshops. Sprachgewirr und Treiben ringsum lassen keinen Zweifel mehr daran, dass es Sie in eine touristisch heiß begehrte Weltmetropole gespült hat. An der

Wettklingeln

Die Chauffeure der Cable Cars klingeln wie Fahrradfahrer, wenn jemand im Weg rumsteht. Einige der Schaffner haben das Bimmeln besonders gut raus, sie treten beim jährlichen Cable-Car-Wettklingeln am Union Square an. Jedes Jahr am zweiten oder dritten Mittwoch im Juli treffen sich Anwohner und Touristen zum Zugucken. Lecker dazu: eine Runde Hot Dogs. *www.sftodo.com/sanfrancisco/ cable-car-san-francisco.*

Station Post Street geht es etwas ruhiger zur Sache und das Einsteigen ist hier in der Regel ohne Schlange machbar. Nach fünf Stopps halten Sie an der Clay Street und steigen wieder aus. Hier ist der perfekte Ausgangspunkt für einen Streifzug durch Chinatown. Wer jedoch Lust bekommen hat, tiefer in die technischen Finessen der Cable-Car-Konstruktion einzutauchen, spaziert linker Hand ein paar Minuten zur Ecke Washington Street/Mason Street. Hier liegt das Cable Car Power House, das Maschinenhaus der Bahn, plus frei zugänglichem **CABLE CAR MUSEUM** *[1201 Mason Street, San Francisco, CA 94108, www.cablecarmuseum.org, tägl. 10-17 Uhr, Eintritt frei, Spende erbeten].* Ein kurzes Hineinschlüpfen mit Blick von der Besuchergalerie auf die gigantische Mechanik, die an Chaplins „Modern Times" erinnert, lohnt sich allemal.

Einer der 24 Blocks von Chinatown

Um den Block nach China

Nur ein paar Blocks weiter und Sie scheinen 9.496 Kilometer hinter sich gelassen zu haben. So weit ist es nämlich von San Francisco bis nach Peking. Das Schöne an dem nur 24 Blocks umfassenden, mit etwa 30.000 Chinesen prall bevölkerten CHINATOWN ist nämlich, dass sich hier niemand beeindrucken ließ vom Touristen-Boom und der zeitweiligen Angesagtheit des Viertels. Weggezogen scheint hier keiner der alten Anwohner zu sein, ganz im Gegenteil. Englisch nutzt man nur als Zugeständnis an die Stadt ringsum, unbeeindruckt wird hier chinesischer Lebensart nachgegangen. Wer, von der Grant Avenue kommend, tiefer eintaucht ins Viertel, sieht die ältesten Häuser der Stadt, versteckte Tempel und schlauchförmige Lebensmittelshops, in denen lebende Frösche, getrocknete Tintenfische, Räucherstäbchen und orange glasierte Pekingenten die Auslagen wie Küchenschubladen aussehen lassen, die zu heftig aufgezogen wurden.

Wie das Glück in die Kekse kommt

Kiwano, Acerola oder Kaki, also Früchte, die Sie Ihren Kindern wohl erst einmal erklären müssen, wenn Sie es können, gehen hier kistenweise über den Tresen. In der GOLDEN GATE FORTUNE COOKIE FACTORY, die vor 55 Jahren in der ältesten Straße San Franciscos, der Ross Alley, den Ofen für die Glückskeksproduktion anschmiss, kann man noch heute zugucken, wie die Zettelchen ins Gebäck kommen. Und natürlich ein paar Tüten kaufen. Probieren Sie ruhig ein Restaurant aus, schließlich ist es Zeit fürs Mittagessen. Das UTOPIA CAFE ist ein einfacher, traditioneller und bunter Laden – es baumeln schon mal orangefarbene und rote Luftballons von der Decke – mit köstlichen Speisen zu sehr fairen Preisen *[139 Waverly Place, San Francisco, CA 94108, Tel. +1 415 956 29 02, tägl. 11-22 Uhr]*. Essen Sie an den runden Familientischen, in deren Mitte eine Drehscheibe zum Herumreichen der Gerichte montiert ist. Bevor Sie Chinatown verlassen, sollten Sie unbedingt in einem der zahllosen Klamottenläden Souvenirs besorgen: „California Republic"-Hoodies mit Bär, „I love SF"-Shirts, Chinakleider für die Mädels – das alles bekommen Sie nirgends so günstig wie hier.

Ab in die Schokoladenfabrik

In einer ehemaligen Schokoladenfabrik unweit der Beach Street am Ghirardelli Square sind heute schicke Shops und Restaurants untergebracht. Der Eiscreme- und Edelschokoladen-Shop des seit 1852 in den USA ansässigen Traditionsunternehmens GHIRARDELLI ist hier die Top-Anlaufstelle. Holen Sie sich einen Becher Eis, inspizieren Sie die Schoko-Fontäne und schauen Sie den Straßenmusikern und Pantomimen auf dem Platz zu. *Ice Cream & Chocolate Shop, 900 North Point Street, San Francisco, CA 94109, Tel. +1 415 474 39 38, www.ghirardellisq.com, So-Do 9-23, Fr/Sa 9-24 Uhr.*

14 Touren, die allen Spaß machen

Autos in Windungen: Lombard Street

Zwischenstopp für Comic-Fans

Zurück in der Clay Street geht es wieder in die Straßenbahn: Nun folgen 15 Ausruh-Stationen bis in die Nähe von Fisherman's Wharf. Nach drei Stationen zuckeln Sie durch eins der wohlhabendsten Wohngebiete der Stadt, **PACIFIC HEIGHTS**. Sie können hier ruhig sitzen bleiben, denn das hochexklusive Pflaster ringsum ist eher nichts für Kinder – ein bisschen Menschen-Zoo gucken lohnt jedoch. Young Urban Professionals schlürfen ihren Iced Matcha Latte und schauen sich die Schaufenster der teuren Boutiquen in der Fillmore Street an. An der Endstation verabschieden Sie sich vom Gripman. Für Comic-Fans lohnt hier ein Abstecher ins **CARTOON ART MUSEUM**, das im Herbst 2017 in die Beach Street umgezogen ist *[781 Beach Street, San Francisco, CA 94109, Do-Di 11-17 Uhr, Erw. $ 10, Kinder (6-12 J.) $ 4]*. Das Museum will eine Inspirationsquelle für neue Generationen von Künstlern sein, die Geschichten in gezeichneten Bildern erzählen, für kleinere Kinder ist der Besuch also eher langweilig. Teenager und ihre Eltern haben hier aber viel zu entdecken, beispielsweise zeitgenössische Comic-Künstler wie San Franciscos Local Hero Raina Telgemeier, die mit einer autobiografischen Graphic Novel bekannt wurde, in der sich alles um eine Sechstklässlerin mit ausgeschlagenen Vorderzähnen dreht. „A Dental Drama" nennt Telgemeier ihren Comic, auf dessen Titel ein Smiley mit Zahnspange prangt und der auf Platz 1 der „New York Times"-Bestsellerliste landete.

Freiluft-Zoo

Schlagen Sie nun den Weg ins Hafenviertel von San Francisco ein. Eine orange leuchtende Krabbe ist das Symbol von Fisherman's Wharf. Das um 1900 von italienischen Fischern gegründete Viertel gilt als äußerst hotter Historic District und

Krumme Tour

Wie die Pythonschlange Kaa um Mogli windet sich die **LOMBARD STREET** in ihrer steilsten Passage 200 Meter hinunter zur Leavenworth Street. Die engen, grün bepflanzten Kurven geben ein auch bei jungen Fotografen sehr beliebtes Motiv ab und die Fahrt hinab mit der Handbremse im Anschlag wird von Kindern herzlich begrüßt. Am besten ist das Straßengewinde übrigens von unten nach oben, also von der Leavenworth Street aus, abzulichten – nur ein paar Schritte von Fisherman's Wharf entfernt.

ist entsprechend gut mit Souvenir-Shops bestückt. Kinder finden es toll, über die Holzplanken zu laufen und sich die von Seehunden und Seelöwen bevölkerten Pontons am Ende von Pier 39 anzuschauen. Der beste Platz dafür sind die sonnenbeschienenen Holzstufen vor dem Ponton-Areal. Wenn Sie gefragt werden, warum die Meeressäuger so viele blutige Schrammen haben, blättern Sie einfach zurück zum „Macho-Kasten" auf S. 32. Die Größeren decken sich im Weitergehen mit Souvenirs ein, wahlweise mit Basket- oder Baseball-Trikots aus dem **NFL/COLLEGE SHOP** *[Pier 39, Gebäude Q, 1. und 2. Stock, Tel. +1 415 397 20 27, prima Preis-Leistungs-Verhältnis]* oder mit Shirts aus dem Hard Rock Cafe (siehe S. 110).

Al Capones Zweitwohnsitz

Die **BOOTSTOUREN** rund um die Bay, manche führen sogar unter der Golden Gate Bridge hindurch, starten von **FISHERMAN'S WHARF** aus *[www.blueandgoldfleet.com, 60-Min.-Tour Erw. $ 32, Teens (12-18 J.) $ 26, Kinder (5-11 J.) $ 22]*. In jeder Beziehung ein viel besserer Deal als diese recht konventionellen Ausflüge ist die Fahrt ab Pier 33 zur Gefängnisinsel **ALCATRAZ** *[Alcatraz Cruises, Pier 33, The Embarcadero, San Francisco, CA 94133, Tel. +1 415 981 76 25, www.alcatrazcruises.com, Abfahrt ab 8.45 Uhr alle 30 Min., letzte Rückfahrt 16.30 Uhr, im Sommer auch später, Erw. (18-61 J.) und Teens (12-17 J.) $ 37,25, Kinder (5-11) $ 23, Familien (2 Erw., 2 Kinder) $ 112,75.*

Wichtig: Unbedingt mindestens 3 Monate im Voraus telefonisch oder online buchen, sonst hat man keine Chance, einen Platz zu ergattern!]. „The Rock", wie das Eiland genannt wurde, galt wegen des mörderisch kalten Wassers und der Strömung ringsum als idealer Standort, um Gesetzlose wegzusperren. Von 1933 bis 1964 saßen Sträflinge mit so illustren Namen wie Machine Gun Kelly oder Alvin „Creepy" Karpis hier ein. Der berühmteste Alcatraz-Gefangene bleibt allerdings Al Capone. Auf der Zuchthaus-Inspektion gibt es viel zu sehen und per Audioguide noch mehr zu hören. Dabei lässt sich nachvollziehen, warum Mark Twain die Atmosphäre der Haftanstalt nach einem Besuch als „so kalt wie der Winter, sogar in den Sommermonaten" beschrieb. Alcatraz ist und bleibt einer der gruseligsten Orte Amerikas – und einer der interessantesten. Wer es noch schauriger mag oder genauer wissen möchte, bucht eine „Night Tour" oder eine „Behind the Scenes Tour" (beide gegen Aufpreis, siehe Website links).

14 Touren, die allen Spaß machen

Von oben ganz beschaulich: Alcatraz

43

Mechanisches Finale

Bevor Sie das Hafenquartier verlassen, schauen Sie unbedingt noch im **MUSÉE MÉCANIQUE** vorbei *[Pier 45, San Francisco, CA 94133, Tel. +1 415 346 20 00, www.museemecaniquesf. com, tägl. 10-20 Uhr, Eintritt frei]*. Oft als San Franciscos skurrilstes Museum bezeichnet, fühlt man sich zwischen den „antiken" Arcade-Games und Spielautomaten aus der vordigitalen Ära tatsächlich wie in einer schrägen Zwischenwelt. Kaum zu glauben, dass vor der Tür weiter der Wahnsinn wie 7D Experience und ähnlichen High-End-Attraktionen tobt. Sorgen Sie dafür, dass Sie reichlich Quarter dabeihaben, um die liebevoll gepflegten Spielautomaten mit Ihren Kids in Gang setzen zu lassen. Nach der Zeitreise geht es für müde Stadtentdecker mit einem Uber-Chauffeur (siehe Kasten S. 102) direkt ins Hotel oder mit der Cable Car zurück zum Parkhaus und dann ab in die Federn.

Für Nostalgiker: das Musée Mécanique

Familienfreundliche Unterkünfte

HILTON SAN FRANCISCO

Vorteile des 2.000 Betten (!) zählenden Hotels: Es liegt sehr zentral und hat in einer Art Patio auf einem Zwischenstockwerk einen windgeschützen Pool, der bei wolkenlosem Himmel ab 10 Uhr in der Sonne liegt. *Union Square, 333 O'Farrell Street, San Francisco, CA 94102, Tel. +1 415-771-1400, € 230/Nacht für 4-5 Pers. im Sommer.*

HOTEL DEL SOL

Die Zimmer sehen aus, als sei ein Regenbogen darin explodiert, orangefarbene Elefanten sind hier schon mal auf rosa Penny-Boards dekoriert. Die Familienzimmer haben eine Kitchenette und Kinderbetten im Separee, es gibt Hängematten im Innenhof, Pool und Spielzimmer. In der Nähe von Fisherman's Wharf. *3100 Webster Street, San Francisco, CA 94123, Tel. +1 415 921 55 20, ab $ 332/ Nacht für 4 Pers. im Sommer.*

THE GOOD HOTEL

117 schmucke Zimmer mit Holzkisten-Charme in Downtown San Francisco. In diesem nachhaltig geführten Haus gibt es keinen Pool, dafür aber Fahrräder für die Gäste. *112 7th Street, San Francisco, CA 94103, Tel. +1 415 621 70 01, ab $ 250/Nacht für 4 Pers. im Sommer.*

Tour 3: Durch die Gischt der Wasserfälle

YOSEMITE NATIONAL PARK

4 von 3,7 Millionen Yosemite-Besuchern

WO: *Yosemite National Park –* **WIE:** *auf dem Pferd, zu Fuß, im Schlauchboot und mit dem Auto –* **DAUER:** *Tagestour –* **NICHT VERGESSEN:** *prall mit Proviant und Getränken gefüllte Rucksäcke, Handtücher*

Barack Obama ist Naturliebhaber und ein Mann von Geschmack. So wundert es nicht, dass er **YOSEMITE** zu seinem Liebling unter den Nationalparks Amerikas erkoren hat *[aus dem Westen zu erreichen über die Highways 41, 140 und 120. Der Tioga Pass Entrance (über Highway 120 von Osten kommend) ist Nov und Mai/Juni geschlossen, der Eingang Hetch Hetchy ist ganzjährig 24 Std. tägl. geöffnet, Tel. +1 209 372 02 00, www.travelyosemite. com, Eintritt $ 30 pro Gefährt oder mit dem Jahrespass für alle Nationalparks (Infos dazu im Kasten auf S. 8)].* Der Park ist riesig, sein Areal umfasst 3.081 Quadratkilometer entlang der westlichen Hänge der Sierra Nevada, das ist locker so viel wie 432 Fußballfelder. Doch flach und gut geschoren wie ein guter Bolzplatz ist hier kaum etwas: Der Park ist wunderschön und beeindruckt mit wild bewachsenen Tälern, gewaltigen Granitformationen,

die wie erhabene Kuppeln aus dem Grün ragen, und sagenhaften Wasserfällen. Kernstück ist Yosemite Valley, das die meisten der jährlich 3,7 Millionen Besucher anzieht. Die Vorstellung, dass quasi ganz Berlin pro Jahr in diesem Park Urlaub macht, könnte auf Überfüllung und Gedränge schließen lassen. Aber die Parkverwaltung hat alles im Griff und die Massen verteilen sich selbst in der Hochsaison so, dass auch beschauliche Naturerlebnisse möglich sind. Einzig das Parken kann stressig werden und im Hochsommer sind die Parkunterkünfte sehr voll und sehr teuer (zu buchen über www. travelyosemite.com). Deshalb ist es klüger, am Rande von Yosemite Quartier zu beziehen und frühmorgens in den Park zu fahren. Aktuelle Infos und Kartenmaterial erhalten Sie übrigens kostenlos bei der Einfahrt in den Park.

Von Tier zu Tier
Vielleicht starten Sie Ihr Naturparkerlebnis auf dem Rücken eines Pferdes oder Maulesels? Die **MORNING TOUR**

Das Ruckeln der Postkutsche

Sind das nicht Ben Cartwright, Little Joe und Big Hoss? Reiben Sie sich ruhig die Augen: **COLUMBIA**, am Rande des Yosemite National Park, scheint sich noch voll im Goldrausch zu befinden. Das Örtchen wurde 1946 als State Historic Park ausgewiesen und zum **FREILICHTMUSEUM** gemacht. In der Schmiede, dem Süßwarenladen, einer Schule (!) und vielen anderen Läden und Einrichtungen sind Menschen in typischer Wildwest-Kleidung unterwegs. Klasse für die Kids: Rundfahrten mit der Postkutsche oder die Goldwäscher-Workshops. *11255 Jackson Street, Columbia, CA 95310, Tel. +1 209 588 91 28, www.visitcolumbiacalifornia.com, tägl. 10-17 Uhr.*

für Erwachsene und Kinder ab 7 Jahren beginnt schon um 8 Uhr, Sie müssen eine Stunde vorher vor Ort sein [*Big Trees Lodge Stable, 8308 Wawona Road, Yosemite Valley, CA 95389, Tel. +1 209 375 65 02, www.travelyosemite.com, tägl. geöffnet 2. Juni-27. September, Ausritt $ 65 pro Pers.*]. Zwei Stunden geht es auf den Vierbeinern durch die Natur mit tollen Ausblicken, unter anderem auf das Felsmassiv Wawona Dome. Der große Vorteil dieser Art der Parkerkundung: Sie haben in der kleinen Gruppe von 8 bis 10 Reitenden selbst in der Hochsaison die Chance, einige der vielen Tiere zu sehen, die tatsächlich in dieser Region des Parks leben. Rotluchse und Graufüchse sind sehr scheu, deshalb werden sie sich wohl nicht zeigen. Aber mit etwas Glück begegnen die Junior-Ranger einem Maultierhirsch oder sie bekommen einen Weißkopfspecht zu Gesicht. Obwohl im Park immer wieder vor Bären gewarnt wird, sind Begegnungen mit den zotteligen Riesen vor allem im Sommer eher ausgeschlossen. Es macht trotzdem Spaß, sich die geruchsneutralen und damit bärenresistenten Bear Canister, die überall im Park angeboten werden,

Im fliegenden Fuchs

Um Schluchten oder Flüsse zu überwinden, hat ein schlauer Mensch die Seilrutsche, engl. **FLYING FOX** oder Zipline, ersonnen: Man hakt sich an einer Rolle in ein Seil und saust daran von einem hohen zu einem tiefer gelegenen Punkt über ein Hindernis hinweg. Zweistündige Zipline-Touren für die ganze Familie und unter Obacht erfahrener Ranger bietet die **YOSEMITE ZIPLINE AND ADVENTURE RANCH** an. Einzige Bedingung: Die Kletterer müssen mehr als 30 Kilo und weniger als 125 Kilo wiegen. *4808 Highway 140, Mariposa, CA 95338, Tel. +1 209 742 48 44, www.yosemiteziptours.com, 2-Std.-Tour pro Pers. $ 95.*

Der Vernal Fall, darüber liegt der Nevada Fall – nur für enthusiastische Kletterer

für den Proviant auszuleihen: Allein das Umpacken der Lebensmittel in die Boxen regt die Fantasie mächtig an – und man kann schließlich nie wissen, was passiert!

Nach dem Ausritt werden alle Lust auf ein zweites Frühstück haben. Das können Sie sehr schön an einem der Strände oder Picknickplätze am Merced River einnehmen, der sich durch den ganzen Park schlängelt. Gute Alternative: Die Wanderung zu den **LOWER YOSEMITE FALLS** ist mit 600 Metern nicht besonders lang und hat eher den Charakter eines Spaziergangs. Und in der Nähe der Wasserfälle gibt es viele flache Felsen, die nun wirklich nicht so anders als Tischplatten aussehen und dazu einladen, für das Open-Air-Frühstück in Beschlag genommen zu werden.

Hinterm Regenbogen geht's weiter
Ausgeruht und einigermaßen satt können Sie jetzt starten, um zwei der Park-Highlights zu erklettern:

den **VERNAL FALL** und den darüberliegenden **NEVADA FALL**. Für das Erklimmen der beiden Wasserfälle braucht das Team eine gute Kondition und auch etwas Klettergeschick. Sie benötigen für den Aufstieg inklusive Rückweg etwa 5 Stunden, der Weg zum Vernal Fall und zurück ist in 3 Stunden machbar. Anfangs sind die Wege noch recht gut bevölkert, oberhalb der Brücke, die eine schöne Aussicht auf die Wasserfälle bietet und so manchen Schnappschuss-Jäger schon zufriedenstellt, dünnt sich der Pulk der Abenteurer bereits deutlich aus. Besonders aufregend und erfrischend ist eine sehr steile Passage, kurz bevor man den Vernal Fall erreicht und es in einem Felstunnel weitergeht. Denn den Kletterern spritzt hier ganz fein und an einigen Stellen auch schon mal so stark wie die heimische Dusche die Gischt der Wasserfälle ins Gesicht. Wenn die Sonne scheint, entstehen im feinen Sprühnebel glitzernde Regenbogen, die sich auf den Fotos der

Wanderer natürlich ausgesprochen gut machen. Ist der erste Wasserfall erreicht, kann in dem Areal dahinter an Natur-Pools entspannt eine Lunch-Pause eingelegt werden.

Der Aufstieg zum Nevada Fall beinhaltet einige steile Passagen und er sollte auch nur dann unternommen werden, wenn sich die Ausflügler wirklich noch fit fühlen. Natürlich lohnt die zweite Etappe, denn von weiter oben ist der Ausblick noch umwerfender und das Gefühl, einen Gipfel erstürmt zu haben, noch viel intensiver. Auch hinter den höher gelegenen Fällen breitet sich eine Poollandschaft idyllisch in der Sonne aus: Zeit, die letzten Picknick-Reserven aus dem Rucksack zu holen!

Mit dem Strom schwimmen

Wieder unten angekommen, können Sie sich mit einer kurzen Schlauchboot-Tour belohnen, die eher ein Sich-treiben-Lassen, denn echte Arbeit ist. Am **CURRY VILLAGE RECREATION CENTER** *[9010 Curry Village Drive, Yosemite National Park, CA 95389, Tel. +1 209 372 83 19, tägl. 8-19 Uhr, pro Pers. $ 29,50, bei einem Körpergewicht unter 25 Kilo darf nicht gerafet werden]* sind Boote zu mieten, die Sie mit dem Strom ein Stück flussabwärts tragen, während die von der Wanderung ermatteten Füße in den kalten Fluten baumeln. Praktisch: Die Boote können an einer tiefer gelegenen Mietstation wieder abgegeben werden.

Mitten im alpinen Herzen der Sierra Nevada: Blick vom Glacier Point

Beim Junikäfer schmeckt's

Das **JUNE BUG CAFE** im Yosemite Bug Rustic Mountain Resort (Adresse im Kasten rechts) ist fantastisch! Von den hausgemachten Müslis ($ 7) oder den Blaubeer-Pancakes ($ 7) zum Frühstück über den veganen Hummus-Wrap ($ 8) oder den vietnamesischen Hühnchensalat ($ 10) zum Mittagessen bis zum riesigen Rib-Eye-Steak ($ 25) oder den Süßkartoffel-Samosas ($ 13) zum Dinner – alles ist köstlich und die Atmosphäre kindgerecht lässig.

Mit dem Ranger in den Sonnenuntergang

Zum perfekten Ausklang des Tages steuern Sie den **GLACIER POINT** ein paar Meilen außerhalb des Yosemite Valley an. 1.000 Meter über dem Tal stehen Sie hier und begreifen, dass Sie sich mitten im alpinen Herzen der Sierra Nevada befinden. Sie können die Wasserfälle sehen, an deren Rändern Sie heute emporgeklettert sind, und beeindruckende Bergkuppen wie den Half Dome. Der trägt seinen Namen übrigens deshalb, weil seine Kuppel wie gekappt aussieht. Das und vieles mehr wissen die Ranger zu erzählen, die im Sommer hier jeden Tag 30-minütige Sunset Talks abhalten. Die Startzeiten der Talks können Sie dem Infomaterial entnehmen, das Sie bei der Einfahrt erhalten haben. Hungrig? Sicher, schließlich gab es den ganzen Tag nur Kaltspeisen aus dem Rucksack. Der beste und leckerste Deal für eine Familienmahlzeit ist das verträumt-ökige **JUNE BUG CAFE** (siehe Kasten links).

Familienfreundliche Unterkünfte

YOSEMITE BUG RUSTIC MOUNTAIN RESORT
Herrlich idyllisches Naturresort mit sehr familienfreundlichem studentischem Personal. Die Tent Cabins mit Gemeinschaftsbad sind einfach, lauschig gelegen, reichen aber völlig aus. Wer es komfortabler will, bucht Private Rooms mit eigenem Bad in hübschen gediegenen Holz-Cottages mit Queensize-Betten ($ 190 für 4 Pers./Nacht).
6979 A Highway 140, Midpines, CA 95345, Tel. +1 209 966 66 67, www.yosemitebug.com, Standard-Tent-Cabin $ 70/ Nacht für 4 Pers.
Im Park selbst gibt es ganze **13 CAMPINGPLÄTZE**, einige, wie das Housekeeping Camp, auch mit familientauglichen Tent Cabins ausgestattet. Eine einfache Tent Cabin für 4 bis 6 Pers. ist die günstigste Option und im Sommer ab ca. $ 120 zu haben – schöner und naturnäher ist aber die Übernachtung im Bug Rustic Mountain Resort.
Alle Unterkünfte sind auf der offiziellen Homepage zu buchen unter www.travelyosemite.com.

![Ameisen-Feeling zwischen Mammutbaumstämmen mit bis zu 31 Meter Umfang]

Ameisen-Feeling zwischen Mammutbaumstämmen mit bis zu 31 Meter Umfang

Tour 4: Baumgiganten und Höhlenzauber

SEQUOIA & KINGS CANYON NATIONAL PARKS

WO: *Sequoia & Kings Canyon National Parks –* **WIE:** *zu Fuß und mit dem Auto –* **DAUER:** *Tagestour –* **NICHT VERGESSEN:** *bequeme Wanderschuhe, Badesachen, reichlich Proviant, Pullis für die Höhlentour*

Müsste man überraschend in einem dieser Naturparks übernachten, man könnte es einfach in den Bäumen tun.

Genauer: in deren Stämmen. Die Weltmeister unter den Bäumen haben in ihrem Tausende von Jahren dauernden Leben so manchen Blitzschlag oder Waldbrand überstanden, weshalb ihre bis zu 31 Meter umfassenden Stämme nicht selten gespalten sind. Sie sind dann hohl, mit einer Öffnung, in deren Mitte man sich stellt, nach oben ins Dunkel schaut und vergeblich versucht, mit ausgebreiteten Armen die Wände des Baumstamms links und rechts zu berühren. Dabei kommt man sich überaus klein und schmächtig vor. Die Wanderungen zur Erkundung der mächtigen Bäume in den **SEQUOIA & KINGS CANYON NATIONAL PARKS** *[47050 Generals Highway, Three Rivers, CA 93271, Tel. +1 559 56 53 34, www.nps.gov/seki, ganzjährig 24 Std. am Tag geöffnet, Eintritt (für 1-7 Tage) $ 30 pro Gefährt oder mit dem Jahrespass (siehe Kasten S. 8)]* haben eher den Charakter von Waldspaziergängen und sind auch mit kleinen Kindern sehr gut zu machen. Der Sequoia bietet die spektakuläreren Naturattraktionen, man übernachtet (Adressen siehe Kasten S. 53) aber schöner und günstiger – wenn Sie nicht mit dem Wohnmobil unterwegs sind – im angrenzenden Kings Canyon National Park, von dem es nicht weit ist zum warmen, beschaulich gelegenen Hume Lake.

Echos unter der Erde

Bevor es zu dem Teil der Mammutbäume (Sequoias) geht, der über dem Erdboden zu sehen ist, bietet sich ein Abstecher dorthin an, wo die Bäume ihre Wurzeln vergraben: ins Erdreich.

Wurzel-Fallschirm

Man könnte meinen, dass Bäume, die so gigantisch in die Höhe wachsen, auch ihre Wurzeln tief in die Erde strecken. Die Versorgungsadern der Riesenmammutbäume reichen aber nur 1 Meter tief – dafür jedoch bis zu 30 Meter weit weg vom Stamm.

Die **CRYSTAL CAVE** im **SEQUOIA NATIONAL PARK**, eine Tropfsteinhöhle, kann man im Rahmen einer Tour inspizieren, die über zwei Visitor Center buchbar ist *[Foothills Visitor Center, 47050 Generals Highway, Three Rivers, CA 93271, Tel. +1 559 565 33 41, tägl. 9-16.30 Uhr, und Lodgepole Visitor Center, 63100 Lodgepole Road, Sequoia National Park, CA 93262, Tel. +1 559 565 44 36, tägl. 7-16.30 Uhr. Im Sommer am besten vorab online unter www.explorecrystalcave.com].* Die „Family Tour" *[50 Min., Erw. $ 16, Kinder (5-12 J.) $ 8 oder (unter 5 J.) $ 5]* führt durch das Spinnennetz-Tor, das Spider Web Gate, in die Tropfsteinhöhle. Der Guide zeigt die schönsten Formationen der Stalaktiten und Stalagmiten (kleine Erinnerung, um Bildungslücken zu schließen: Stalaktiten sind die tropfenden Zapfen oben, sie beträufeln die Stalagmiten unter sich und lassen diese wachsen) und erzählt von der Entstehung der Höhle. Die besten Momente sind jene in kompletter Dunkelheit, wenn der Führer die Höhlenkundler bittet, die Ohren zu spitzen, dem Rhythmus der Tropfen und den Echo-Effekten zu lauschen. Wer mit Teens ab 16 Jahren unterwegs ist, startet zur „Wild Cave Tour" *[1,5 Std. pro Pers. $ 135]*, die auf 6 Teilnehmer begrenzt ist. Die anspruchsvolle Route führt, teilweise kraxelnd und auf dem Bauch robbend, durch die Seitenarme der Höhle. Um die Hände frei zu haben, werden die Abenteurer mit Grubenhelmen, an denen Leuchten befestigt sind, ausgestattet. Dicke, schützende Kleidung ist angesagt, denn nach der Passage kommt man von Kopf bis Fuß verdreckt wieder ans Tageslicht.

14 Touren, die allen Spaß machen

Gigantomanie der Bäume

Knapp 14 Kilometer, etwa 30 Minuten, sind es von der Höhle mit dem Wagen auf gut ausgeschilderten Wegen zum **GIANT FOREST MUSEUM** *[tägl. 9-18 Uhr, Einritt frei]*. Hier bekommen Sie auch Snacks und können eine kleine Wissensrunde im netten, aber unspektakulären Museum drehen, das viele Zahlen, Tafeln und Fakten rund um die größten Bäume der Welt bietet. Das Museum ist zudem Startpunkt des 1 Kilometer langen **BIG TREES TRAIL**, der an einigen der Giganten vorbeiführt. Nur gut 3 Kilometer weiter im **GIANT FOREST** – ohne Attribute der Größe kommt hier kein Name aus – steht der Urvater der Mammutbäume: der **GENERAL SHERMAN TREE**. Wenn Beschilderung und Menschentrauben vor dem knapp 84 Meter hohen Koloss mit einem Umfang von über 31 Metern nicht wären, könnte man jedoch nicht wirklich sicher sein, dass er der Größte unter den Großen ist, die auf dem schönen, gut 3 Kilometer langen **CONGRESS TRAIL** zu bestaunen sind. Das Pendant zu General Sherman – angeblich voluminöser, aber wenige Meter kürzer – steht im **GRANT GROVE** des **KINGS CANYON NATIONAL PARK** und heißt **GENERAL GIANT TREE**. Hier führt ebenfalls ein schöner, auch für kleine Kinder geeigneter Rundweg an Bäumen vorbei, wie es sie sonst nirgends auf der Welt zu sehen gibt. Der höchste von allen misst übrigens 95 Meter und ist namenlos.

See mit Steinrutsche

Auf dem Weg in den Kings Canyon National Park lohnt für Familien, die den ganzen Tag auf Achse sein wollen, ein Abstecher zum **HUME LAKE**, der nach 55 Kilometern erreicht ist. Auf gewundenen Straßen dauert das etwa 75 Minuten. Dafür, dass der Spiegel auf 1.585 Höhenmetern liegt, ist das Wasser im Sommer angenehm warm, der See deshalb gut besucht, aber nicht überfüllt. Am südlichen Ufer gibt es einen Sandstrand, Sandy Cove, der vorwiegend von Familien genutzt wird. Besonders klasse für kleinere Kinder ist der Abschnitt hinter der Brücke, auf der die Hume Lake Road über das Wasser führt. Auf runden,

Natur-Wasserrutsche am Hume Lake

Essen mit Ausblick

Durch das klassische Interieur aus Holz- und Naturstein meint man, in dem Restaurant am Mount Rushmore aus Hitchcocks „Der unbekannte Dritte" zu sitzen: Im **GRANT GROVE RESTAURANT** speist man unter hoher Balkenkonstruktion vor bodentiefen Fenstern, die weit blicken lassen. Die Kinder können vor der Tür toben, bis das Essen kommt – alles sehr lecker und solide. Zu empfehlen sind Steaks, Lachs und Chili, das auch vegetarisch angeboten wird. *86728 Highway 180, Kings Canyon National Park, CA 93633, Tel. +1 559 335 55 00, tägl. 7.30-9.30, 11.30-14.30 u. 17-20 Uhr, unbedingt früh am Tag telefonisch reservieren!*

flachen Steinen rutscht man hier in kurzen Abschnitten durchs sprudelnde Wasser abwärts. Die **HUME LAKE CHRISTIAN CAMPS** bestimmen die Infrastruktur am See: Zahlreiche Jugendgruppen sind hier im Sommer einquartiert, entsprechend Fast-Food-lastig ist das Angebot in der Snack-Bar und im Restaurant. Auf bodenständige Art wird man hier zu fairen Preisen satt. Um dem Trubel zu entgehen, nehmen Sie das Essen am besten mit an einen der Tische draußen am See. Man kann auch Tret-, Ruder- und Motorboote leihen *[64144 Hume Lake Road, Hume, CA 93628, Tel. +1 559 305 77 70, www.humelake.*

org, Ruderboote ab $ 18/Std., Tretboote ab $ 15]. Eine knappe halbe Stunde brauchen Sie vom See für die 17 Kilometer in den **GRANT GROVE**, wo Sie im Schatten der jahrtausendealten Bäume den Tag ausklingen lassen – oder bei einem vielleicht jetzt nötigen warmen Essen im **GRANT GROVE RESTAURANT** (siehe Kasten links).

Familienfreundliche Unterkünfte

JOHN MUIR LODGE
Hübsche Holzlodge mit großen Balkonen, die gemeinschaftlich genutzt werden. Hier können Selbstversorger sehr schön mit Blick ins Grün frühstücken, heißen Kaffee bekommen Sie im nahe gelegenen Shop. *86728 Highway 180, Kings Canyon National Park, CA 93633, Tel. +1 866 762 13 25, Zimmer für 4 Pers. mit 2 Queensize-Betten $ 240/Nacht im Sommer.*

GRANT GROVE CABINS
Schlichte, nett gelegene Holzhütten mit Picknicktisch und Gemeinschaftsbad. Upgrade-Hütten buchbar mit Heizung, Strom, Minikühlschrank, Kaffeemaschine und eigenem Bad. Frühstück ist im nahe gelegenen Restaurant (siehe Kasten links) optional zu bestellen. *86728 Highway 180, Kings Canyon National Park, CA 93633, Tel. +1 866 807 35 98, einfache Tent Cabins für 4 Pers. ab $ 95/Nacht im Sommer.*

Tour 5: Das Glühen unter dem Meeresspiegel

DEATH VALLEY: FURNACE CREEK • MOSAIC CANYON • ZABRISKIE POINT • GOLDEN CANYON • BADWATER

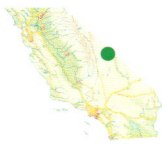

WO: *Death Valley –* **WIE:** *mit dem Auto und zu Fuß –* **DAUER:** *Halbtages- oder Tagestour –* **NICHT VERGESSEN:** *voller Tank, mind. 1 Liter Wasser pro Pers., Badesachen*

Wie Petticoats, die von einer Riesin fallen gelassen wurden, sehen die Gesteinsformationen aus, die man vom Zabriskie Point erblickt. Die Röcke aus Stein schimmern im Sonnenaufgang besonders schön. Doch es hilft alles nichts: Die Faszination des Death Valley – bizarre Gebirgsformationen und Salzkristalle, bunt geschichteter Marmor, tiefe Krater und der Spaziergang unter dem Meeresspiegel – ist besonders für kleinere Kinder schwer zu verstehen. Das Tal des Todes hat einfach so gar nichts von den Wüstenlandschaften, die sie aus Bilderbüchern kennen: Es gibt weder Beduinen noch Kamele. Zwar leben unter anderem große Rennkuckucke, auch als Roadrunner bekannt, und Kojoten hier, aber vor allem im Sommer lassen sie sich kaum blicken. Apropos Sommer: Death Valley ist der trockenste Nationalpark der USA und einer der heißesten

Gab einem Film von Michelangelo Antonioni den Titel: Zabriskie Point

Laufen bei 50 Grad

Immer im Juli wird unter dem Meeresspiegel ein mörderischer Lauf gestartet, der nach 217 Kilometern in 2.530 Meter Höhe am Mount Whitney endet. Der **BADWATER ULTRAMARATHON** gilt als einer der härtesten der Welt. Die Athleten strampeln zur Vorbereitung auf Heimtrainern in der Sauna. Knapp 22 Stunden benötigte der Schnellste bisher für die Strecke. Ein Preisgeld gibt es übrigens für die Sieger nicht. Sie erhalten zur Belohnung nur eine Gürtelschnalle.

Flecken der Erde. Im Juli und August beträgt die Durchschnittstemperatur über 40 Grad im Schatten. In Badwater, 85,5 Meter unter dem Meeresspiegel, können im Sommer nur hartgesottene Wanderer aus dem klimatisierten Auto steigen, es ist einfach zu heiß. Trotzdem, die Landschaft macht einen demütig und Antonioni hat sie in seinem Klassiker „Zabriskie Point" ganz zu Recht als Metapher für das benutzt, was wir nicht leichtfertig verspielen sollten. Im Folgenden beschreiben wir eine Tour zu den beeindruckendsten Orten im Valley, die an einem halben Tag zu machen ist – mit einer Pool-Pause für ausgetrocknete Passagiere auf der Rückbank.

Durchs Marmorbecken wandern

Der Eintritt ins Tal beträgt für alle, die keinen Jahrespass (siehe Kasten S. 8) haben, € 25 pro Fahrzeug (7 Tage gültig). Sie zahlen die Gebühr spätestens im **VISITOR CENTER** *[Highway 190, Furnace Creek, CA 92328, Tel. +1 760 786 32 00, tägl. 8-17, Sommer 9-18 Uhr]* in der Oase **FURNACE CREEK**. Im Center werden sehr schöne und günstige Exkursionen angeboten, etwa Fotosafaris zum **DEVIL'S GOLF COURSE**, einem ausgetrockneten Salzsee voller glitzernder Kristallspitzen. Im Sommer ist die flirrende Hitze für derlei Ausflüge allerdings zu stark. Tipp: In der Furnace Creek Ranch Lodge gibt es einen Pool, den externe Gäste gegen einen kleinen Obolus nutzen können. Das Center liegt nicht weit entfernt von den wichtigsten Sehenswürdigkeiten im Tal und kann immer dann angesteuert werden, wenn in Ihrem „Wüstenschiff" der Schweiß zu sehr rinnt. Wenn Sie von Westen den Park ansteuern, kommen Sie bereits auf dem Weg zum Visitor Center am **MOSAIC CANYON** vorbei,

14 Touren, die allen Spaß machen

Gewundener Trail durch den Mosaic Canyon

Dante's View: aus knapp 1.700 Meter Höhe auf riesige Salzfelder gucken

vom Center sind es 43 Kilometer, also etwa 36 Minuten mit dem Auto. Durch diese Schlucht führt ein insgesamt 3 Kilometer langer Trail. Die bunt geschichteten Felsformationen, die Mosaike, nach denen der Canyon benannt wurde, sehen Sie aber schon nach ein paar Hundert Metern Wanderung vom Parkplatz aus. Es fühlt sich ein bisschen so an, als sei die ganze Familie geschrumpft und würde in einem der kleinen polierten Marmorsteine herumspazieren, die man in Naturkundemuseen kaufen kann.

Unterwegs im Mars-Mobil
Fahren Sie weiter Richtung Visitor Center und dann noch 8 Kilometer hinauf zum oben beschriebenen Aussichtspunkt **ZABRISKIE POINT**. Der Weg vom Parkplatz ist nicht weit und der Blick über die gefurchten Felsen bis zu den Panamint Mountains in der Ferne atemberaubend. Der Aussichtspunkt **DANTE'S VIEW** ist 32 Kilometer entfernt und nicht ganz so beeindruckend. Sie können ihn den Kids zuliebe ruhig auslassen. Nur 9 Kilometer hinab sind es dagegen bis zum Eingang in den **GOLDEN CANYON**, eine weitere Schlucht mit Felsformationen in zahllosen Gelb-, Orange- und Rottönen. Am Ende des Weges stößt man auf ein „rote Kathedrale" genanntes Gebilde, das tatsächlich ein wenig an Gaudís Sagrada Família erinnert, nur eben in Rot. Der **ARTIST'S DRIVE**, nur ein paar Kilometer südlich auf dem Weg nach Badwater, ist als kleiner Auto-Rundkurs vorbei an besonders schillernden Erhebungen des Valleys angelegt. Es fällt hier nicht schwer, sich das Auto als mobilen Mars-Roboter vorzustellen, der gerade den Roten Planeten erkundet, denn ringsum schimmert alles in Rostrot und ähnlichen Schattierungen. Bis man zur **ARTIST'S PALETTE** kommt, in die sich plötzlich helles Grün und Blau mischt. Wie gut, dass man sich doch auf der Erde aufhält und aussteigen kann, um sich das Ganze näher anzuschauen.

Familienfreundliche Unterkunft

Es ist nicht zu empfehlen, im Nationalpark zu übernachten, da die Lodges und Hotelzimmer dort zu teuer sind für das, was sie bieten. Nur wenige Minuten entfernt vom Death Valley gibt es eine hübsche Alternative, das **LONGSTREET HOTEL & CASINO**. Ein lustiges Hotel mit sehr fairen Tarifen, künstlichem See, Pool und Eseln, die von den Kindern gefüttert werden können. Frühstück im Casino-Bereich auf klassisch amerikanische Art in rot gepolsterten Sitz-Abteilen. *4400 S Highway 373, Amargosa Valley, NV 89020-1501, Tel. +1 775 372 17 77, www. longstreetcasino.com, Lake-View-Zimmer mit 2 Queensize-Betten für 4 Pers. € 81/Nacht, RV-Hookup € 25/Nacht im Sommer.*

Das Salz der Erde

Schlusspunkt der Tour durchs Valley bildet **BADWATER**, das in weiteren 22 Kilometern erreicht ist. Die schier unendliche Salzfläche liegt 85,5 Meter unter dem Meeresspiegel. Das Wasser, das hier in einem quellengespeisten Becken steht, ist vollkommen „versalzen" und deshalb „schlecht", daher der Name des Ortes. Über einen mit Holzplanken versehenen Weg gelangt man zu einer Plattform, die weit über die Reste des vorzeitlichen Sees Lake Manly blicken lässt, der sich einst hier befand. Zurück im Auto fühlt es sich ziemlich gut an, einen Schluck des gar nicht versalzenen Wassers aus der mitgebrachten Flasche zu nehmen und später noch einmal in den Pool in der Oase Furnace Creek zu springen!

Hinweis: **SCOTTY'S CASTLE**, der Traumpalast eines verrückten Abenteurers mitten in der Wüste, ist leider bis 2020 nicht zu besichtigen. Ein Sturm hat die Zufahrtsstraße und einige Gebäude der Anlage zerstört, die erst wieder aufgebaut werden muss.

14 Touren, die allen Spaß machen

85,5 Meter unter dem Meeresspiegel und im Sommer flirrend heiß: Badwater

Tour 6: Spielplatz im Neonlicht

LAS VEGAS

WO: *Las Vegas, Nevada* – **WIE:** *mit dem Auto und zu Fuß* – **DAUER:** *Tagestour* – **NICHT VERGESSEN:** *Wasser und Obst, Badesachen*

Für eine Stadt, in der jeden Abend ein Vulkan ausbricht, ohne dass sich die 630.000 Anwohner oder die jährlich 40 Millionen Besucher davon erschrecken lassen, sollten keine gewöhnlichen Maßstäbe gelten. In europäischen Gefilden suchen wir nach echten Ruinen und authentischer

Kultur, in Las Vegas (im benachbarten Bundesstaat Nevada) ist der Fake die Attraktion und der Illusionist der Star. Am knapp 6,5 Kilometer langen Strip, der funkelnden Glitzermeile der Wüstenstadt, wäre man schwer verunsichert, wenn der falsche Berg vor dem Mirage Hotel eines Abends plötzlich friedlich wie ein Räucherstäbchen vor sich hin dampfen würde. Keine 40 Meter in den Himmel ragenden Flammen heute? Da kann doch was nicht stimmen! In Vegas ist das Spektakel normal: Gondolieri, die laut singend unter beeindruckend

Glitzer, Glam und komprimierte Welt-Attraktionen am Strip

Auch Haie leben in Las Vegas

echt wirkendem Himmelsdach über venezianische Kanäle schippern, keinen Kilometer entfernt von Eiffelturm, Freiheitsstatue und ägyptischer Sphinx, der selbstverständlich aus unerfindlichen Gründen ihre hübsche Nase abhanden gekommen ist.

Riesenrochen in der Wüste

Nach Las Vegas strömen Menschen aus der ganzen Welt, weil hier nichts alltäglich sein soll. Alles ein riesiger, blinkender Abenteuerspielplatz. Die

Opa mit Spiegelei

Die angeblich besten **HOT DOGS** der Stadt macht **CHEFFINI'S**: nicht nur klassisch und pur – hier „naked" genannt – mit zwei Soßen und zwei Toppings, sondern auch raffiniert, zum Beispiel als „Moshi Moshi" mit karamellisierten Zwiebeln und Seegras. Besonders lecker: der „Grandfather" mit Spiegelei. Neben konventionellen Pommes gibt es auch eine leckere Variante aus Süßkartoffeln. Ein Kids' Menu mit kleinem „Cheffini's"- Hot-Dog und Pommes ist für $ 5,99 zu haben. Softdrinks (Free Refill) kosten $ 3.
520 Fremont Street, Las Vegas, NV 89101, Tel. +1 702 823 81 08, www.cheffinis.com, Di-Sa 12-3 Uhr.

Casinos sind erst ab dem vollendeten 21. Lebensjahr zu betreten und auch die immer dämmrigen Hallen voller Spielautomaten, die Pool-Partys und sonstigen After-Dark-Vergnügungen der Erwachsenen sind nichts, was man seinen Kindern zumuten möchte. Dennoch wurde Vegas in den letzten Jahren zu einer Stätte des Staunens für die ganze Familie umgebaut: In welcher Wüstenstadt können sonst Meeresschildkröten, Piranhas, seltene goldene Krokodile, Ohrenquallen, Säge- und Riesenrochen und sogar Haie beobachtet werden? Im **SHARK REEF AQUARIUM** im **MANDALAY BAY RESORT** mitten in Vegas ist das möglich *[3950 S Las Vegas Boulevard, Las Vegas, NV 89119, Tel. +1 702 632 45 55, www.sharkreef.com, So-Do 10-20, Fr/Sa 10-22 Uhr, Erw. $ 25, Kinder (4-12 J.) $ 19]*, um nur eine der vielen Familienattraktionen zu nennen. Da die Entfernungen, wie so oft in den USA, auch in Las Vegas unterschätzt werden, sollte das Driften über den Strip rund um einige gezielte Anlaufstellen erfolgen. Sonst bekommt man schnell das Gefühl, die wichtigsten Dinge im Glitzermeer übersehen zu haben. Wir empfehlen zudem, nicht mehr als zwei Tage und eine Nacht in Vegas zu verbringen – mehr kann insbesondere für kleinere Kinder zum Reiz-Overkill führen.

Zeugnis vergangener Glanzzeiten: historische Neon-Reklame der fabelhaften Wüstenstadt

Vom Pool in die Manege

Da es vor allem im Sommer in der Mojave-Wüste extrem heiß wird, beginnen Sie den Tag am besten mit einem Bad im Hotel-Pool. Wenn Sie im **STRATOSPHERE** nächtigen (siehe Kasten S. 63), bietet sich danach ein Rundum-Blick über die Stadt auf dem Observation Deck an. Hier haben Sie alle Attraktionen, die Sie heute noch erkunden, prima im Blick. Da Sie in den Hotelkomplexen und Malls sehr viel zu Fuß unterwegs sein werden, sollten Sie die Wege dazwischen mit öffentlichen Verkehrsmitteln machen. Um sich in Vegas fortzubewegen, nutzen Sie am besten die **DEUCE-DOPPELDECKERBUSSE** oder die Busse des **STRIP & DOWNTOWN EXPRESS**, die den Las Vegas Boulevard, also den Strip, im 15- bis 20-Minuten-Takt auf und ab fahren *[Tageskarte jeweils $ 8, die 2-Stunden-Tickets für $ 6 lohnen nicht!, Kinder unter 5 J. gratis]*. Eine Fahrt mit der **MONORAIL** *[One-Way-Ticket $ 5, Tageskarte $ 12]* rentiert sich nur vom Zentrum zum nördlichen Strip (Stratosphere, SLS Hotel, Westgate Hotel, Convention Center) oder vom Zentrum zum MGM Grand. Einige Hotels wie das Mirage und das Mandala Bay sind durch **KOSTENLOSE TRAMS** verbunden *[Detail-Infos zu allen Verbindungen unter www.vegas-online.de/verkehr]*. Artisten, Jongleure sowie Clowns aus Marokko, Argentinien, China und dem Rest der Welt treten ab 11.30 Uhr täglich in den kostenlosen (!) Shows im **CIRCUS CIRCUS** auf *[2880 S Las Vegas Boulevard, Las Vegas, NV 89109, Tel. +1 702 734 04 10, www.circuscircus.com, Show-Reservierungen online]*. Wenn es irgendwo in Vegas einen Hauch von Nostalgie gibt, dann ist er hier zu finden: Seit knapp 50 Jahren gibt es das Manegen-Spektakel bereits! Ein schöner, nicht zu heftiger Einstieg in den Vegas-Tag. Etwas wilder geht es im **ADVENTURE-**

DOME des Circus Circus zu. Vom romantischen Pferde-Karussell über die Batman Laser Challenge bis zu Thrill-Rides wie dem Canyon Blaster oder El Loco ist hier alles möglich, was ein Indoor-Funpark hergibt *[Tagesticket $ 19 Kinder, $ 32 Erwachsene].*

Fliegen Sie los!
Sie haben Lust, es den Akrobaten nachzumachen und sich fliegend fortzubewegen? In Downtown Vegas lohnt eine Attraktion für einen Abstecher weg vom Strip: die **SLOTZILLA ZIP LINE** *[425 Fremont Street Suite 160, Las Vegas, NV 89101, Tel. +1 702 678 57 80, www.vegasexperience.com/slotzilla-zip-line, So-Do 13-1, Fr/Sa 13-2 Uhr, Lower Zipline $ 25, Upper Zoomline $ 45, „Flieger" müssen über 25 Kilo*

Familien-Pool im 8. Stock des Stratosphere

und weniger als 150 Kilo wiegen].
Haken Sie sich vielleicht zunächst moderat in 20 Meter Höhe sitzend an die Leine und lassen Sie sich knapp 300 Meter weit über die Köpfe der Menschen gleiten. Wer mehr Batman-Feeling will, klemmt den Kopf zwischen die nach vorn gestreckten Arme und fliegt in Brettposition über 500 Meter weit. Wenn nicht alle die Bodenhaftung verlieren wollen, kein Problem: Es macht auch Spaß, einfach dabei zuzugucken, wie SlotZilla die oft kreischenden Flug-Körper aus seinem Schlund spuckt. Einfach eine Runde leckerster Hot Dogs bei Cheffini's (siehe Kasten S. 59) ordern und den Lunch zur Flug-Show einnehmen.

New York, Venedig oder die Tropen?
Wenn Sie langsam wieder runter-kommen, sind Sie bereit für eins der Casino- und Shopping-Mall-Hotels, die zu Beginn der 1990er-Jahre als komplette Themenwelten am Strip er-richtet wurden. Ob Luxor, New York-New York oder Venetian – das bleibt den geografischen Präferenzen Ihrer Peergroup überlassen. Alle Resorts

Süße Wunderwelt

Las Vegas ist nur eine künstliche Scheinwelt? Weit gefehlt. In der **ARIA PATISSERIE** im ARIA Resort & Casino kann man die handge-machten Feinheiten der franzö-sischen Dessertkunst bewundern und kosten. Ob ausgefallene Macarons, Mango-Crêpes oder Marzipancroissant – ein Paradies für frankophile Naschkatzen! *3730 S Las Vegas Blvd, Las Vegas, NV 89109, Tel. (877) 230 27 42, www.aria.com, täglich 24 Stun-den geöffnet*

14 Touren, die allen Spaß machen

sind mit manchmal etwas in die Jahre gekommener Detailliebe gestaltet. Sehr hübsch fanden wir den Venedig-Fake im **VENETIAN** *[3355 S Las Vegas Boulevard, Las Vegas, NV 89109, Tel. +1 702 414 10 00, www.venetian.com]* mit Rialto-Brücke, Markusplatz, Kanälen und Gondeln. Wer einmal im Hochsommer auf dem Canal Grande unterwegs war, wird sicher einige Déjà-vus haben. Verblüffend ist hier vor allem die Lichtchoreografie. Den künstlichen Himmel hält man tatsächlich einen Moment für echt, bevor allen wieder einfällt, dass sie ja in einer Shopping-Mall sind. Für Kinder besonders beeindruckend ist ein Abstecher ins Mandalay Bay Resort (siehe S. 59) oder die Abkühlung in der 16.000 Quadratmeter großen Poollandschaft des **TROPICANA** *[3801 S Las Vegas Boulevard, Las Vegas,*

NV 89109, Tel. +1 702 739 22 22, www.troplv.com]. Von 15 Uhr bis Mitternacht gibt es vor dem **HOTEL BELLAGIO** eine ca. 8-minütige Wasserfontänen-Show, die den ganzen Tag über wechselt (siehe Kasten S. 61). Wenn Sie also öfter mal vorbeigucken, wird's nie langweilig und das Ganze ist vor allem abends, wenn es dunkel wird, eine gute Gelegenheit für eine Pause. Ab 19 Uhr geht es dann zum Mirage, um den schon erwähnten Vulkanausbruch anzugucken *[So-Do 19 u. 20, Fr/Sa zusätzlich 21 Uhr].*

It's Showtime!

Wenn Sie mit Ihren Kindern eine Show sehen möchten, buchen Sie am besten vorab online. Es sind zwar immer wieder auch spontan Tickets vor Ort zu haben, das Ergattern der Karten ist aber gerade bei den beliebten

Nein, der Himmel über dem „Canal Grande" ist nicht echt – und der Rest auch nicht

Artisten des Cirque du Soleil

Shows kein stressfreies Unterfangen. Kinder fast jeden Alters machen Sie glücklich mit der Dinnershow **TOURNAMENT OF KINGS** im **EXCALIBUR**. Es wird mittelaltergerecht mit den Händen gegessen. Hier rangeln die Könige Europas an Arthurs Hof mit dem Hexenmeister Mordred. Echte Pferde und pyrotechnische Effekte sorgen für Schmackes *[850 S Las Vegas Boulvard, Las Vegas, NV 89109, Tel. +1 702 597 77 77, www.excalibur.com, Ticket ab $ 42, Essen und Softdrinks inkl.].* Sehr empfehlenswert für den Besuch mit Kindern sind zwei der mittlerweile acht Vegas-Shows des **CIRQUE DU SOLEIL**. In „**KA**" wird die Geschichte von Zwillingen erzählt, die sich in die Welt aufmachen, um Abenteuer zu meistern – die Show ist sehr akrobatisch und voller Wow-Momente. „**MICHAEL JACKSON ONE**" wird Kinder ab 9 Jahren fesseln und Erwachsene, die sich noch gut an den Kauf des Albums „Thriller" erinnern, auf dem Jackson in weißem Anzug unschlag-

bar lässig posierte *[„Ka", MGM Grand Las Vegas, Ticket ab $ 69, „Michael Jackson One", Mandalay Bay Resort & Casino, Ticket ab $ 69].*

Familienfreundliche Unterkünfte

Unschlagbar: **GOLDEN NUGGET HOTEL & CASINO**
Wer seine Kinder langfristig beeindrucken möchte, nächtigt hier: Der Aquarium-Pool mit seiner drei Stockwerke hohen Wasserrutsche, die direkt durch ein Haifischbecken führt, ist in Vegas nicht zu überbieten. Und führt dazu, dass Sie erst spät aus dem Hotel kommen.
129 East Fremont Street, Las Vegas, NV 89101, Tel. +1 702 385 71 11, www.goldennugget. com, Zimmer mit 1 Kingsize-Bett und 2 Kinderbetten $ 79/Nacht im Sommer.
Pragmatisch: **STRATOSPHERE**
Die 350 Meter hohe Hotel-Stecknadel beherbergt 2.429 Zimmer. Im 8. Stock gibt es einen großen Family Pool, der Rooftop Pool ist „for adults only". Hotelgäste können stark vergünstigt aufs Observation Deck ($ 7 statt $ 20), das einen grandiosen Blick über den Strip bis zu den Spring Mountains bietet.
2000 S Las Vegas Boulevard, Las Vegas, NV 89104, Tel. +1 702 380 77 77, www.stratosphere.com, Zimmer mit 2 Queensize-Betten $ 75/Nacht im Sommer.

Tour 7: Ein Weltnaturwunder lässt tief blicken

GRAND CANYON NATIONAL PARK

WO: *Grand Canyon National Park* – **WIE:** *zu Fuß und mit dem Bus* – **DAUER:** *Tagestour* – **NICHT VERGESSEN:** *Ferngläser, gut gefüllte Proviant-Rucksäcke, bequeme (Wander-)Schuhe*

Wir sehen zwei Frauen, die Hand in Hand in einem Thunderbird abheben, in Zeitlupe. Sie rasen mit ihrem Gefährt über die Klippe des **GRAND CANYON**, und obwohl jeder weiß, dass ihrem Flug der tödliche Absturz folgt, scheint es für einen Augenblick so, als würden sie ins Paradies schweben. Ein Moment für die ganz große Leinwand. Es ist die Schlussszene des Films „Thelma & Louise" und gewiss kein kindgerechter Einstieg in den Text über den wohl berühmtesten Nationalpark der USA. Aber für uns Eltern ist der Grand Canyon eben eines der großen Symbole für Freiheit und Weite des Westens, für die eigene Bedeutungslosigkeit angesichts der Naturgewalten. Verantwortlich dafür sind auch die vielen Filmklassiker, in denen die 450 Kilometer lange Schlucht um den Colorado River genau diese Rolle spielt. Da müssen wir gar nicht erst Filme wie „Easy Rider" rauskramen. Der Canyon zählt auch jenseits seiner filmischen Mythisierung zu den großen Naturwundern der Erde und wird jedes Jahr von rund fünf Millionen Menschen besucht. Unglaublich, dass seine Schönheit bis heute von diesem Ansturm unangetastet scheint.

Geben Sie sich die Kante
Der seit 1919 als **NATIONALPARK** geschützte Canyon *[www.nps.gov/grca, $ 30 Eintritt pro Fahrzeug oder kostenlos mit dem Jahrespass (siehe Kasten S. 8)]*, 1979 zum UNESCO-Weltnaturerbe erklärt, ist am ent-

German Bratwurst

Wer den Grand Canyon von Los Angeles oder Las Vegas aus ansteuert, sollte im 160 Kilometer vom Park entfernten Seligman einen Lunch-Stopp einlegen. Das Westerndorf strotzt vor skurril-musealen Shops, die an die Historie der Route 66 erinnern. In **LILO'S CAFE** gibt's Hausmannskost unterm Hirschgeweih. Lecker: knusprig frittierte Riesenzwiebeln oder die German Bratwurst mit Kartoffelsalat. *Westside Lilo's Cafe, 415 Chino Street, Seligman, AZ 86337, Tel. +1 928 422 54 56, www. westsidelilos.com, tägl. 6-21 Uhr.*

Einer der atemberaubenden Aussichtspunkte am Canyon: Mohave Point

spanntesten mit einer Wanderung am Canyon-Rand entlang zu erkunden. Der Pfad, der die verschiedenen Aussichtspunkte verbindet, nennt sich **RIM TRAIL** und ist im Südteil des Nationalparks 16,5 Kilometer lang. Entlang der gesamten Strecke verkehren kostenlose Shuttlebusse. Von der Südeinfahrt in den Park kommend, steuern Sie am besten zunächst das **GRAND CANYON VILLAGE** mit dem zentralen Parkplatz und dem **VISITOR CENTER** an *[South Entrance Road, Grand Canyon Village, AZ 86023, Tel. +1 928 638 78 88, tägl. 9-17 Uhr]*. Hier bekommen Sie in einer kleinen kostenlosen Ausstellung einen Überblick über die Historie des Parks sowie über die riesige Bandbreite der biologischen und geologischen Phänomene: Wer von einem der Ränder des Tals bis ans Ufer des Colorado River wandert, überwindet 1.400 Höhenmeter, durchquert

5 Klimazonen und etwa 1,7 Milliarden Jahre Erdgeschichte! Doch wir bleiben erst einmal oben. Bis zum ersten Aussichtspunkt in die Tiefe, **MATHER POINT**, sind es vom Visitor Center nur ein paar Hundert Meter zu Fuß. Und schon hier ist der Ausblick überwältigend. Lassen Sie sich ein wenig Zeit, um die leuchtenden Farben der Felsen und den weit über einen Kilometer in die Tiefe reichenden Ausblick zu verkraften.

Unterwegs mit der roten Linie
Sie können nun verschiedene Aussichtspunkte mit dem Wagen oder per Shuttlebus ansteuern: die **BLAUE VILLAGE ROUTE** führt einmal um das Village herum, die **ROTE HERMIT REST ROUTE** bis zum gleichnamigen Aussichtspunkt. Wir empfehlen für unsere Tour die rote Linie. Die Strecke bietet allein neun atemberaubende Aussichtspunkte in den

Grand Canyon und sie ist von Mai bis September die einzige Möglichkeit, diesen Abschnitt des Canyon-Randes zu erreichen, da er in dieser Zeit für den Privatverkehr gesperrt ist. Die Sperrung sorgt für eine gewisse Ruhe im Vergleich zum Rummel auf den anderen Rim-Teilstrecken. Neben der Straße verläuft der Fußweg immer ganz nah am Canyon-Rand entlang. Schön: Wenn Ihre Crew müde wird und eine Pause braucht, kann sie jederzeit eine Etappe bis zum nächsten Punkt mit dem Bus nehmen oder sogar einen Ausstieg auslassen. Keinesfalls verpassen dürfen Sie jedoch **PIMA POINT**, **MOHAVE POINT**, **HOPI POINT** und den **TRAILVIEW OVERLOOK**. Neben dem Canyon sollten Sie dem **TRAIL OF TIME** Aufmerksamkeit schenken. Es handelt sich um eine Zeitachse, die die Spaziergänger durch die geologische Erdgeschichte führt. In bestimmten Abständen sind Steinblöcke aufgestellt. Sie stehen für die diversen Schichten der Erdkruste, die ältesten Gesteinsblöcke sind Milliarden Jahre alt. Insgesamt ist diese Strecke etwa 13 Kilometer lang, den Rückweg können Sie komplett mit dem Bus absolvieren. An jedem Viewpoint gibt es die Möglichkeit, die Familie mit Snacks zu versorgen. Die Preise sind okay, die Schlangen jedoch im Sommer oft sehr lang. Deshalb ist es beim Ausflug zum Canyon empfehlenswert, reichlich Proviant und Getränke in die Rucksäcke zu packen, auch weil ein Picknick direkt am Rand der Schlucht und nicht selten im Schatten der Pinien kaum zu toppen ist. Tipp: Auf dem 3-stündigen,

Fotogenere Sonnenuntergänge gibt es selten auf der Welt: Abend am Hopi Point

Der schönste Balkon der Welt

Auf einem Glasboden 1.100 Meter über dem Colorado River spazieren gehen: Der **GRAND CANYON SKYWALK** ist ein hufeisenförmiger Balkon, der 22 Meter über den Rand des Canyons ragt und schwindelerregende Ausblicke ermöglicht. Die spektakuläre Konstruktion – Glasboden und -geländer stammen aus Köln und Berlin – gehört dem Hualapai-Stamm, auf dessen Areal der Skywalk erbaut wurde. Der Abstecher lohnt, sollte aber wohlüberlegt sein, denn der Glasgang liegt am **GRAND CANYON WEST**, etwa 390 Kilometer vom Zentrum des eigentlichen Nationalparks entfernt. Die Zufahrt erfolgt auf einer asphaltierten Straße ab der US 93. Der Besuch ist nur im Rahmen eines Tour Packages möglich ($ 82 pro Person inkl. Skywalk-Begehung, kleiner Mahlzeit, Zertifikat). Die Besucher müssen Filzhüllen über die Schuhe ziehen, damit der Glasboden keine Kratzer bekommt – kein Problem für die Kids. Weniger schön – auf dem Skywalk gilt: Fotografieren verboten! Kameras, Handys und Taschen müssen in einem Schließfach hinterlegt werden. *Eagle Point Road, Peach Springs, AZ 86434, Buchung und alle Infos über www.grandcanyonwest.com, Tel. +1 888 868 93 78 u. +1 928 769 26 36, tägl. 7-18 Uhr.*

Ohne Geländer am South Rim

6,5 Kilometer langen **CANYON VISTAS MULE RIDE** entlang des East Rim Trail machen Sie 6 Pausen mit geologischen Talks eines Rangers und reiten auf dem Rücken eines Mulis an der Canyon-Kante *[Buchung unter www.grandcanyonlodges.com oder Tel. +1 303 297 27 57, in den USA unter Tel. +1 888 297 27 57, pro Pers. $ 143].*

Und wie sieht's von unten aus?

Wer oben steht, bekommt unwillkürlich Lust, das Abenteuer einer Wanderung in die Tiefe zu wagen. Klar will man wissen, wie das Ganze wohl von unten aussieht! Ein Trip in den Canyon hinein bis zum Flussufer ist allerdings nur sportlichen Familien mit Kindern ab 12 Jahren zu raten. Im Sommer ist die Idee, die Tour hin und zurück an einem Tag zu bewältigen, absolut unrealistisch. Weil Touristen das immer mal wieder nicht einsehen, kommt es jedes Jahr zu kostspieligen Hubschrauber-Rettungsaktionen und sogar zu Todesfällen. Zwei Trails führen vom South Rim hinab. Beliebtester ist der **BRIGHT ANGEL TRAIL**, nicht

14 Touren, die allen Spaß machen

Overnight Ride mit dem Muli

Familienfreundliche Unterkünfte

Die Lodges im Park sind sehr früh ausgebucht, insbesondere die schöne **BRIGHT ANGEL LODGE** (Familienzimmer ab $ 185 pro Nacht). In der **KACHINA** oder der **THUNDERBIRD LODGE** bekommen Sie ein Zimmer für 4 Personen im Sommer um $ 245 pro Nacht, in der einfacheren **MASWIK LODGE** für $ 215. Familien, die in den Canyon hinabsteigen möchten, nächtigen auf der **PHANTOM RANCH** im Park. Um eine der raren Cabins ($ 175 für 4 Pers./Nacht) zu ergattern, braucht es allerdings viel Glück. Die nach Geschlechtern getrennten Schlafsäle sind nur hartgesottenen Wander-Familien zu empfehlen. Alle Reservierungen für Park-Unterkünfte unter *www.grandcanyonlodges.com*. Eine sehr gute, nur 1 Meile vom Park Entrance (South Rim) entfernt gelegene Alternative: **RED FEATHER LODGE** Sehr familienfreundliche Crew, 229 Zimmer in Motel-Anlage mit Pool. Wer gern joggt, kann das prima in den umliegenden Wäldern tun. *300 State Route 64, Grand Canyon, AZ 86023, Tel. +1 928 638 24 14, www.redfeatherlodge. com, Zimmer mit 2 Queensize-Betten für max. 5 Pers. $ 144/ Nacht, zzgl. Kühlschrank u. Mikrowelle $ 180/Nacht im Sommer.*

zu steil und an drei Wasserstellen vorbeiführend. Er ist 15 Kilometer lang, für den Abstieg benötigen recht gut trainierte Menschen etwa 4 Stunden, für die 1.335 Meter wieder hinauf etwa 7 Stunden. Der **SOUTH KAIBAB TRAIL** ist steiler und nur 11 Kilometer lang (Abstieg etwa 3,5 Stunden, Aufstieg 6 Stunden). Für die Übernachtung im Zelt benötigen Sie eine Genehmigung *[Permit, etwa $ 40 für 4 Pers.]*, die Sie online einsehen, ausdrucken und etwa 4 Monate vor Ihrer Reise per Post absenden sollten. Wenn Sie „Grand Canyon Backcountry Permit Request Form" in die Suche eingeben, kommen Sie am schnellsten zum Ziel. Sie können auch per Muli hinabreiten. Die geführten Overnight Rides sind jedoch nicht günstig *[$ 588 für die 1. Pers., jede weitere $ 453, Buchung siehe S. 67].*

Tour 8: Durch die Stadt der Engel

LOS ANGELES

WO: *durch Los Angeles –* **WIE:** *zu Fuß und mit dem Auto –* **DAUER:** *Halbtages- oder Tagestour –* **NICHT VERGESSEN:** *Getränke, Sonnencreme, Badesachen, für die Bowl reichlich Picknick-Verpflegung*

2.622 rote Sterne mit goldenem Rand waren es Anfang November 2017, die ins Pflaster der 18 Blocks zwischen Hollywoods Gower Street im Osten und der La Brea Avenue im Westen eingelassen waren. Kinderhelden der unterschiedlichsten Epochen wie die Simpsons, Shrek, Tinker Bell, Lassie, Dick und Doof, also Stan Laurel und Oliver Hardy, Captain Jack Sparrow, also Johnny Depp, Donald Duck und Micky Maus sind auf dem **WALK OF FAME** zu entdecken, selbst Godzilla hat einen Stern. Vor dem Besuch sollten Sie mit Ihren Kindern den **STARFINDER** *[www.walkoffame.com/ starfinder]* online checken.

Runter von meinem Stern!

Auf der Seite ist nicht nur ganz genau zu sehen, wo sich die Sterne Ihrer Lieblinge befinden, es gibt auch jede Menge Hintergrund-Storys und Anekdoten zu den Stars zu lesen. Parken Sie Ihren Wagen zu Beginn der Tour am besten in einem Parkhaus in der Nähe des Chinese Theatre, dem besten Ausgangspunkt der Sternschnuppen-Wanderung. Eine günstige und gute Wahl ist **HOLLYWOOD & HIGHLAND PARKING** *[6801 Hollywood Boulevard, Los Angeles, CA 90028, Tel. +1 323 468 07 20, $ 2 für die ersten 2 Std., wenn Sie das Ticket in einem Geschäft bestätigen lassen (es reicht, wenn Sie sich in einem Starbucks einen Kaffee kaufen), jede weitere Std. $ 4].* Wenn Sie den Stern Ihrer Wahl ablichten wollen, kann das übrigens schwierig werden, denn nicht alle Hollywood-Besucher haben die gleichen Vorlieben wie Sie, viele latschen respektlos etwa über Thelonious Monk hinweg. Ein

Einer der beliebtesten Sterne des Walk of Fame

14 Touren, die allen Spaß machen

kleiner lächelnder Hinweis wirkt aber in der Regel Wunder. In den Betonplatten vor dem **TLC CHINESE THEATRE** *[6925 Hollywood Boulevard, Hollywood, CA 90028, Tel. +1 323 461 33 31, www.tclchinesetheatres.com]* finden sich die legendären Hand- und Fußabdrücke sowie die Signaturen von Hollywood-Giganten wie Marilyn Monroe, Cary Grant oder John Wayne. Besonders die Fußabdrücke der Helden aus den 1920er- bis 1950er-Jahren wirken seltsam winzig und werden oft mühelos von Kinderhänden und -füßen ausgefüllt. Lustig ist Quentin Tarantinos Sonderanfertigung: Der Regisseur hat sich ganz offensichtlich für seine Verewigung extra Schuhe anfertigen lassen: „Fuck u!" hat er unübersehbar und imagegerecht in den Beton getreten. Man kann trefflich darüber streiten, ob das als juveniler Fehltritt oder als Hommage an ein freies Land zu werten ist, in dem solche Scherze lässig toleriert werden. Die Kinder dürften allerdings die Abdrücke ihrer Potter-Helden Emma Watson und Daniel Radcliffe deutlich spannender finden.

Verschwundenes Land

Der berühmte „Hollywood"-Schriftzug, der in den Bergen von L. A. prangt, bestand ursprünglich aus dem Wort „Hollywoodland" und war reine Werbung, die zu Hauskäufen animieren sollte. Griffiger und fotogener ist die Kurzfassung, und da die Amis durchaus pragmatisch sind, wanderten die letzten vier Buchstaben irgendwann auf den Müll.

Schoki-Labor und fliegende Seile

Die Gegend rund um den Walk of Fame ist gepflastert mit Shopping-Oasen voller Hollywood-Bling-Bling. Wer Lust drauf hat, wird im Hollywood & Highland Center (Infos siehe S. 69 beim Parkhaus) bestens bedient. Die Tour durch das **DOLBY THEATRE**, in dem alljährlich die Oscars verliehen werden, ist für ausgesprochene Filmfans Pflicht, für die anderen eher Kür. Zu bedenken ist auch, dass die nur 30-minütige Runde nicht gerade billig zu haben ist *[6801 Hollywood Boulevard, Hollywood, CA 90028, Level 1 Hollywood & Highland, Tel. +1 323 308 63 00, www.dolbytheatre.com, Touren tägl. 10.30-16 Uhr im 30-Min.-Takt, Erw. $ 23, Kinder (ab 3 J.) $ 18]*. Ein schönes selbst gemachtes Souvenir ist ein Schokoriegel, den Sie im Chocolate Lab von

Können Sie die Wörter auf der Sohle lesen?

Dolby Theatre: Hier werden die Oscars verliehen

[6764 Hollywood Boulevard, Los Angeles, CA 90028, Tel. +1 323 463 64 33, tägl. 9-24 Uhr, www.guinness museumhollywood.com, Erw. $ 20,99, Kinder (4-11 J.) $ 10,99].

Anders einkaufen

Wer daran interessiert ist, wirklich originelle Klamotten und Souvenirs zu finden, macht mit einem Uber-Chauffeur einen Abstecher in die **MELROSE AVENUE**. Sie fahren ca. 10 Minuten und steigen aus

SWEET! HOLLYWOOD selbst zusammenstellen können (siehe Kasten rechts). Ganz kostenlos ist dagegen das fotografische Andenken, das Sie auf der Galerie im 4. Stock machen können: ein Familienfoto mit dem legendären Hollywood-Schriftzug im Hintergrund. Wer statt Schriftzug lieber einen Star neben sich auf dem Erinnerungs-Selfie haben möchte, checkt am besten www.seeing-stars. com: Hier gibt's ein Verzeichnis der Hollywood-Events, auf denen sich Stars blicken lassen, und von aktuellen Drehorten. Es sei aber an dieser Stelle angemerkt, dass sich Stars im Sommer selten aufs heiße Pflaster von L. A. verirren … Raus aus der Mall, rein in die Welt der Rekorde: Ist jemand in der Familie in der Lage, den Weltrekord im Seilspringen zu knacken, der immerhin bei 108 Sprüngen in 30 Sekunden liegt? Wer sportiv genug ist, nahe dranzukommen, läuft auf jeden Fall nicht Gefahr, jemals auch nur annähernd so voluminös zu werden wie der dickste Mensch der Welt, mit dem man sich hier vergleichen kann. Wo eigentlich? Na im **GUINNESS WORLD RECORDS MUSEUM**

Voll süß!

Mit dem Build-a-Bar-Service von **SWEET! HOLLYWOOD** können Sie wie ein Schoko-Juwelier ein eigenes, essbares Schmuckstück herstellen und natürlich mit nach Hause nehmen. Einfach die Schoki-Variante und die Füllung wählen und den Riegel eigenhändig verzieren, bevor er in die Tüte kommt. Achtung: Passen Sie auf, dass das gute Stück in der Sommersonne Hollywoods nicht so schnell dahinschmilzt wie der Glamour von so manchem Sternchen. *6801 Hollywood Boulevard Suite 201, Hollywood, CA 90028, Tel. +1 323 462 31 11, www.sweetlosangeles.com, So-Do 10-20, Fr/Sa 10-21 Uhr, Build-a-Bar pro Stück $ 7,99.*

14 Touren, die allen Spaß machen

in einer nicht so schrillen, aber doch bunteren, weit weniger kommerziellen Welt, in der Sie an kleinen schrägen Boutiquen und Cafés vorbeiflanieren können, auch ohne etwas zu kaufen. Ein toller Tipp sind hier die großen Secondhand- und Vintage-Shops, die auch ein großes Kindersortiment haben. Retro-Sporttrikots und alte Schuluniformen und -kleider lösten bei unseren Kindern helle Begeisterung aus. Auch die Lunch-Pause ist hier viel stressfreier zu gestalten, ein besonders schöner Laden, um sich zu stärken, ist **E.A.K. RAMEN** (siehe Kasten rechts). Wenn Ihr Team nun genug vom Asphalt-Dschungel hat, sollten Sie einen Abstecher zum **VENICE BEACH** machen (alle Infos siehe S. 26). Nach einer etwa halbstündigen Fahrt schmeißen Sie sich in die Fluten, gönnen sich ein Eis und schauen den Skatern bei ihren akrobatischen Tricks zu: In Venice fühlt sich ein ganzer Nachmittag wie eine Stunde an.

Schlaflied aus der Muschel

Zum Abschluss des Tages sei Ihnen eine Sache ans Herz gelegt, von der man meinen könnte, dass sie mit

Alles im Ramen

Ramen-Läden, in denen ausschließlich japanische Nudelsuppen serviert werden, sind schwer angesagt in Los Angeles. Sehr frisch und köstlich werden die Suppen mit den langen Nudelsträngen bei **E.A.K. RAMEN** zubereitet: eine grandiose und dazu günstige Familien-Alternative zum Fast-Food-Wahnsinn ringsum!
7455 Melrose Avenue, Los Angeles, CA 90046, Tel. +1 323 866 18 66, tägl. 11.30–23 Uhr.

Kindern überhaupt nicht gut machbar ist: ein Besuch der legendären **HOLLYWOOD BOWL**. Vielen gilt diese Freilichtbühne als eine der schönsten der Welt – und ganz ehrlich: Das ist sie auch. Sie sitzen hier in langen, lauschigen Reihen, auch hoch oben mit bestem Blick, umhüllt von tollem Klang, und können für vergleichsweise wenige Dollars – Tickets sind im

Die neun am häufigsten fotografierten Buchstaben der Welt

Atmosphäre wie beim Baseball: Konzert in der Hollywood Bowl

mit Freunden und den Kids die mittlerweile als Klassiker gehandelte Show „Monty Python Live at the Hollywood Bowl" in der grandiosen Gewissheit anschauen: Wir waren da!

Sommer ab $ 20 zu haben – mit etwas Glück einer Ihrer favorisierten Bands lauschen. Im Sommer finden oft Festivals mit Künstlern aus aller Welt statt, wir sahen im August 2017 Belle and Sebastian. Die Atmosphäre ist so familienfreundlich wie bei einem Baseball-Spiel: Die Zuschauer bringen reichlich Speis und Trank, häufig in Körben, mit und lassen es sich entspannt gut gehen in der Bowl, die wie eine leuchtende Muschel in der Nacht erstrahlt. Die Umsitzenden lächeln verständnisvoll, wenn die Kinder auf Ihrem Schoß langsam wegnicken, und es geht insgesamt so peacig zu, wie man es in einem 18.000 Zuschauer fassenden Theater nicht vermuten würde. Tickets können Sie vorab online buchen oder vor Ort erstehen, dann müssen Sie allerdings Schlange stehen. Parken ist an der Bowl auch kein Problem. Sie dürfen nur nicht erschrecken, wenn Sie sehen, dass die Wagen einfach hintereinander weg auf die Plätze bugsiert und eingeparkt werden. Die Amis sind derlei gewohnt und die Abfahrt funktioniert reibungslos und ohne große Warterei *[Hollywood Bowl, 2301 N Highland Avenue, Los Angeles, CA 90068, www. hollywoodbowl.com].* Und wieder daheim können Sie, rekapitulierend,

Familienfreundliche Unterkünfte

HOTEL ERWIN
Die Zimmer sind farbenfroh, die Lage mit Blick auf den Venice Beach Boardwalk ist perfekt und von den Balkonen aus hat man das Gefühl, die Palmen vor dem Strand anfassen zu können.
1697 Pacific Avenue, Venice Beach, Los Angeles, CA 90291, Tel. +1 310 452 11 11, Zimmer für 4 Pers. mit 2 Queensize-Betten $ 333/Nacht im Sommer.
Günstiger und zentral:
FREEHAND LOS ANGELES
Es gibt hübsche Familienzimmer mit Doppeldecker-Betten in rustikaler Schiffskajüten-Optik, überhaupt prägen Holz und Segeltuch das Interieur.
416 W 8th Street, Downtown Los Angeles, CA 90014, Familienzimmer mit 4 Einzelbetten $ 225/Nacht im Sommer. www.freehandhotels.com/ los-angeles/

14 Touren, die allen Spaß machen

Eins steht fest: Auf der Universal Studio Tour werden Sie niemals allein sein

Tour 9: Magie und Feuergetöse in der Traumfabrik

LOS ANGELES: UNIVERSAL STUDIOS

WO: *auf dem Gelände von Universal City in Los Angeles –* **WIE:** *zu Fuß –* **DAUER:** *mindestens 1 Tag, in der Hochsaison besser 2 –* **NICHT VERGESSEN:** *reichlich Proviant und Getränke, ggf. Wechsel-T-Shirts in wasserdichter Tüte, da man im Jurassic Park Ride und in der WaterWorld Show reichlich nass werden kann*

Sony, Paramount, Warner – alle großen Traumproduzenten bieten Studio-Touren in und um Los Angeles an. Der 2-stündige Trip durch die Warner Brothers Studios in Burbank gilt Cineasten als beste Option: Sie gleiten in E-Cars durch „echte" Filmkulissen, mit etwas Glück findet gerade ein Dreh statt. Gespickt ist der Ausflug mit Insights, Anspielungen und Anekdoten. Ein Riesenspaß für Erwachsene, aber seien wir ehrlich: für Kinder eher nichts. Ihre Lust am Abenteuer wird mit unschlagbarer Wucht auf der **UNIVERSAL STUDIO TOUR** gestillt *[100 Universal City Plaza, Universal City, CA 91608, USA, Tel. +1 800 864 83 77, www.universal studioshollywood.com, tägl. 9-20, im Sommer bis 21/22 Uhr, Tagesticket ab $ 105, Ticket für 2 Tage ab $ 129 (im Sommer oft Promotions, dann ab $ 105), „Front of Line"-Ticket/Tag ab $ 179 (alles Online-Preise, an der Tageskasse 10 % Aufschlag), Gebühr fürs Parken $ 25 extra. Wer online bucht, hat 1 Std. früher Zugang. Hotel-Tipps für Los Angeles siehe S. 73].*

Die ist ein Mix aus wilden Rides, Begegnungen mit Actionhelden, Prinzessinnen und Schurken, Knallerei, Feuergetöse und „blutigen" Wänden. Wenn es dunkel wird, Hogwarts zu leuchten beginnt und Horden von Kindern in Zaubererumhängen über das Pflaster von Hogsmeade streifen, wirkt das alles so echt, wie es eine Filmfantasie nur sein kann. Erwachsene fürchten fast, von einem Zauberstab touchiert und fortan mit qualmenden Haaren durchs Leben gehen zu müssen.

Wir waren mit unseren drei Kindern – einem 17-jährigen Sohn und zwei Töchtern (15 und 8 Jahre) – zwei Tage auf dem Gelände und haben das

Die Minions tragen tatsächlich Espadrilles

Schattentreten

Hier ist ein **WARTEN-MACHT-SPASS-SPIEL** für 2 bis 5 Personen – bei mehr Spielern wird's unübersichtlich: Es muss versucht werden, auf den Schatten der anderen Wartenden zu treten. Dabei darf man den eigenen Schatten natürlich nicht unter die Füße der anderen Schattenfänger kommen lassen, was ziemlich schnelle Reaktionen erfordert! Nach und nach scheiden die Schattentreter aus, deren Schatten erwischt wurde. Im packenden Schlussduell wird dann der Sieger ermittelt und zum Meister der Schatten gekürt!

sonst in Sachen Freizeitgestaltung extrem auseinanderdriftende Trio selten in so einträchtiger Begeisterung erlebt. Was allen ringsum ähnlich zu gehen schien: Rotwangig glühende Kinder hatten heitere, aber gen Abend reichlich erschöpfte Eltern im Schlepptau. Die Tour kann also ein echtes Highlight des Urlaubs sein – sollte sie auch, denn unter $ 500 ist sie für eine vierköpfige Familie kaum zu machen. Damit Sie das enorme Investment nicht bereuen, ist es gut, vorab ein paar Dinge zu wissen.

Tipps für den Action-Tag
Wer in der Nebensaison unterwegs ist und einen normalen Wochentag wählt, kommt auch ohne „Front of Line"-Ticket (s. S. 74) prima auf seine Kosten. Im Hochsommer ist das

Gelände allerdings voll, immer. Selbst kurz vor Schluss noch. Wartezeiten von 2 bis 3 Stunden an den beliebtesten Rides, etwa im Jurassic Park, sind Tatsache. Es gibt drei Strategien, mit den ellenlangen Wartezeiten umzugehen, die an digitalen Infotafeln angezeigt werden, was nicht wirklich hilft, denn sie werden während eines Hochsaison-Tages nicht besser:

1. Stoisch warten, hilft ja nix, und nur etwa drei der großen Rides an einem Tag mitnehmen.

2. Sie legen noch einmal rund $ 75 pro Person für ein „Front of Line"-Ticket drauf und spazieren damit lässig an den Wartenden vorbei.

3. Sie buchen für gut $ 25 Aufpreis pro Person ein Ticket für 2 Tage, das online zudem oft von Markenpartnern promotet wird und dann für den gleichen Preis des Tagestickets zu haben ist (alle Details und Kosten siehe S. 74). Das entspannt die Situation, denn das Warten an sich ist gar nicht das Problem: Die Kinder, sonst schnell ungeduldig, wurden nie müde, mit feinem, kühlen Wasser besprizt zu werden, das Treiben ringsum, die vielen kostümierten Studio-Mitarbeiter zu beobachten und sich auf das Kommende zu freuen. Die Variante, ein Familienmitglied in einer Schlange zu postieren und die anderen per Handy dazuzurufen, wenn ein Ende absehbar ist, ist nicht wirklich praktikabel. Das funktioniert nur im Außenbereich und oft muss in den Gebäuden oder hinter den Absperrungen ohnehin weiter angestanden werden. Es macht auch einfach mehr Spaß, das Ganze gemeinsam zu erleben und sich nicht durch die Jagd nach Zeitschnäppchen stressen zu lassen.

First Things first

Wichtig: Frühstücken Sie üppig und packen Sie reichlich Proviant ein. Auf dem Gelände müssen Sie jeden Happen zusätzlich sehr teuer bezahlen. Um einige Snacks (Butterbier!) werden Sie eh kaum herumkommen. Laden Sie sich auf der Website die Park Map (gibt's auch auf Deutsch) herunter und besprechen Sie, was unbedingt gesehen werden muss.

WaterWorld Show: Hier werden Sie so richtig nass gemacht

Hogwarts endlich mal in 4-D

Es wird auch eine kostenlose „Universal Studios Hollywood"-App angeboten, um den Tag zu planen: Die App zeigt Warte- und Showzeiten an und führt zu Ihrem Auto, wenn der Tag vorbei ist. Kann man haben, ist aber nicht wirklich nötig.

Von den Parkhäusern kommend, müssen Sie sich durch den **UNIVERSAL CITYWALK** kämpfen, eine blinkende Neon-Schneise aus Kinos, Hard Rock Cafe, Fast-Food-Hütten und einem Luft-Tunnel, der Gäste gegen satte Gebühr wie Neo in „Matrix" über dem Erdboden schweben lässt. Halten Sie sich hier am besten nicht lange auf. Da man noch nichts anderes gesehen hat, hält man ab und zu inne und bereut später, Zeit vertan zu haben. Also lieber zügig durch zum Eingang! Nachdem Sie die Pforte passiert haben, drängen sich die ersten Attraktionen auf: das Fahrgeschäft Despicable Me Minion Mayhem, der Gang durch The Walking Dead oder die WaterWorld Show. Das alles sind Programmpunkte, die ohne Mammut-Warterei zu machen sind. Die mit langen Wartezeiten verbundenen Angebote liegen weiter hinten und in der unteren, per Rolltreppe zu erreichenden Ebene. Da Sie jetzt sicher noch frisch sind, sollten Sie sich erst einmal bei den spektakulärsten Rides wie Jurassic Park oder der Harry-Potter-Welt anstellen. Später werden Sie nicht mehr die Kraft dazu haben.

Auch die 60-minütige **STUDIO TOUR** selbst, eine Busfahrt durch 13 Straßenblocks mit Filmkulissen, in denen es zischt, brennt und knallt, ist vormittags nicht ganz so stark frequentiert.

Studio Tour: reichlich Adrenalin

Video-Host Jimmy Fallon erzählt während der Fahrt von HD-Bildschirmen launige Anekdoten – allein das schon ein Hinweis darauf, dass sich diese Tour erst mit Kindern ab 10 Jahren lohnt. Die haben in der Regel auch erst die Nerven, cool zu bleiben, wenn in Bates Motel aus Hitchcocks „Psycho" eingecheckt wird oder es am Wrack der Boeing 747 aus Spielbergs „Krieg der Welten" vorbeigeht. Auch King Kong, dem man hier, gespickt mit 3-D-Effekten, auf der angeblich weltweit längsten und teuersten 360-Grad-Leinwand begegnet, ist eher für ältere Kids. Zum Finale der Tour gibt es eine hydraulikbasierte Fahrt durch ein 6.500 Quadratmeter großes, 130 Meter langes Gebäude. **SUPERCHARGED** heißt dieser wilde Trip, der eine Episode aus der populären Actionserie „Fast & Furious" erzählt. Wieder raus aus dem

Zauberhaftes Angebot bei Ollivanders

Bus kann man in der nahen **HARRY-POTTER-WELT** ein wenig runterkommen und den Kleineren etwas bieten.

Hallo, Harry!

Schloss **HOGWARTS**, das Dorf **HOGSMEADE** und die **WINKELGASSE** sind mit Liebe zum Detail aufgebaut, im Kleiderladen **BESENKNECHTS SONNTAGSSTAAT** und im Süßigkeiten-shop **HONIGTOPF** kann tatsächlich eingekauft werden – jede Menge Potter-Merchandise. Am beliebtesten sind die Zaubererumhänge, die tatsächlich gut gemacht, jedoch mit rund $ 100 kein günstiges Souvenir sind. Alles schön und gut, aber von dem Zauberstab-Laden **OLLIVANDERS** sollten Sie sich unbedingt fernhalten, wenn Sie keinen Stab (ab $ 39) erwerben wollen. Denn hier werden die Gäste in eine Hinterzimmer-Show mit Schauspielern gelockt, die kleine Kinder zu Mitspielern machen. Ihnen wird von beeindruckend kostümierten Schauspielern bei Kerzenschein und mit einigen Tricks ihr ganz persönlicher Zauberstab ausgesucht und in die Hand gedrückt. Kurz fragt man sich ungläubig, ob es sich um

ein Geschenk handelt, dann folgt der Satz: „Geht durch diese Tür mit eurem Stab, dann wird eine Dame euren Eltern erklären, was zu tun ist." Die Eltern müssen dann zahlen, damit die verzauberten Kinder „ihren" Stab behalten dürfen. Wir haben hier reichlich Tränen fließen sehen, weil einige Eltern dieses Theater nicht mitmachen wollten. Die beste Therapie: Schnell zum **HIPPOGREIF-RIDE**, einer kleineren Bahn mit kurzer Warteschlange, oder zu **HARRY POTTER AND THE FORBIDDEN JOURNEY**! Um zu diesem Thrill-Ride über Hogwarts (für Kinder ab 1,22 Meter Körpergröße) zu starten, geht es zunächst durch das Büro von Dumbledore und den Gemeinschaftsraum der Gryffindors – ein unvergessliches Erlebnis für Potter-Fans.

Lass dich berühren!

Für größere Kinder und Eltern ist der Parcours **THE WALKING DEAD** der direkte Weg zu Gänsehaut-Grusel. Echte Schauspieler springen hier aus Ecken und Wandspalten, um die durchs Dunkle tastenden Menschen zu berühren und zu erschrecken. Die Kleineren warten an der Hand von Papa oder Mama am Ausgang – es ist eine Schau, in die erschreckt-erleichterten Gesichter aus aller Herren Länder zu blicken! Für alle Altersgruppen nett ist die **WATER-WORLD SHOW** mit wilden Jetski-Jagden, tiefen Stürzen vom Mast und brennenden Booten. Achtung, auf den vorderen Sitzreihen werden Sie

Quiz für Zauberschüler

Na, wer kennt die Bedeutung der wichtigsten Zaubersprüche aus der Potter-Welt?

ACCIO: Ruft Lebewesen und Gegenstände herbei.

AMNESIA: Löscht das Gedächtnis des Verzauberten aus.

CRUCIO: Verursacht Folterqualen bei den Opfern.

IMPERIO: Zwingt dem Verzauberten den Willen des Zauberers auf.

LEVICORPUS: Hängt den Verzauberten wie an einem Bein kopfüber in der Luft auf.

LUMOS: Bringt die Spitze des Zauberstabs zum Leuchten.

REDUCIO: Lässt Gegenstände und Lebewesen schrumpfen.

WINGARDIUM LEVIOSA: Lässt Gegenstände in der Luft schweben.

garantiert nass! Wenn Sie weiter oben Platz nehmen, können Sie die Show zur Lunch-Pause nutzen und dabei mitgebrachte Snacks vertilgen. Sehr beeindruckt waren unsere Youngster von der 3-D-Simulations-Achterbahn **THE SIMPSONS RIDE** und von der **4-D-SHOW IM SHREK-THEATER**, bei der die Sitze ruckeln und Rieseninsekten an den Waden zu knabbern scheinen. Wer Lust hat, den Tricks auf den Grund zu gehen, ist in der **SPECIAL EFFECTS SHOW** richtig: Hier wird unter anderem gezeigt, dass Menschen heftig in Flammen aufgehen und ein paar Sekunden später darüber lachen können – ganz beruhigend, dass eben doch alles nur Film ist. Last but not least: Wenn der Hunger nicht mehr mit dem eigenen Proviant zu stillen ist, bieten 28 Restaurants, Fressbuden und Cafés auf dem Studio-Gelände kulinarischen Support an. Das Spektrum reicht von Krusty Burger über Jurassic Café bis zum Panda Express mit „Gourmet"-China-Food.

14 Touren, die allen Spaß machen

Die 3-D-Simulations-Achterbahn der Simpsons ist der Renner

Tour 10: Disneymania

LOS ANGELES: DISNEYLAND • DISNEY CALIFORNIA ADVENTURE PARK

WO: *Disneyland und Disney California Adventure Park in Anaheim im Südosten von Los Angeles –* **WIE:** *zu Fuß –* **DAUER:** *Tagestour, für beide Parks 2 Tage –* **NICHT VERGESSEN:** *bequeme Schuhe, ein Extrapaar Socken (Splash Mountain!), Sonnencreme*

DISNEYLAND und **DISNEY CALIFORNIA ADVENTURE PARK** *[1313 Disneyland Drive, Anaheim, CA 92802, Tel. +1 714 781 45 65, disneyland.disney.go.com, Disneyland tägl. 8-24 Uhr, Disney California Adventure Park tägl. 8-22 Uhr, Tagesticket pro Park Erw. $ 110, Kinder (3-9 J.) $ 104, Park-Hopper-Ticket für beide Parks pro Tag Erw. $ 165, Kinder $ 159, Park-Hopper-Ticket für 2 Tage Erw. $ 244, Kinder $ 232, Parken $ 17 extra pro Tag]* brechen nach wie vor alle Rekorde. Das zweigeteilte Fun-Areal hat jährlich etwa fünfmal so viele Besucher wie der Grand Canyon, dabei misst es mit insgesamt

Indiana Jones Adventure: rumpelnd, ruckelnd und polternd durch „Indies" Welt

Splash Mountain: nichts für Wasserscheue

Fliegende Schiffe, sprechende Türklinken

Da es sich beim Adventure Park mehr oder weniger um einen aufgemotzten Freizeitpark europäischer Couleur mit Thrill-Rides, Shows und Riesenachterbahn handelt, empfehlen wir, sich beim Besuch auf das speziellere Disneyland zu konzentrieren. Ausnahme: Ausgesprochene Fans der Pixar-Filme begegnen in diesem Park ihren herumstreunenden Helden, was ein Argument für den Besuch sein könnte.

34 Hektar nur so viel wie ein mikroskopisch kleiner Splitter des Nationalparks. Sie wissen also, mit welchen Menschenmassen Sie es im Hochsommer zu tun bekommen. Wenn man das weiß, muss das dem Spaß keinen Abbruch tun. Wie auf der Universal Studio Tour (ab S. 74) muss man die Wartezeiten, die einem durch Showeinlagen der umherwandernden Disney-Figuren versüßt werden, ganz einfach akzeptieren. Tipp: Der kostenlose **FAST PASS**, den Sie an etlichen Rides ziehen können, setzt zudem einen Termin, der Ihnen beschleunigten Zugang verschafft. Die **SINGLE RIDER LANES** sind nur etwas für größere Kinder und Erwachsene, die separat einen Ride austesten wollen, da man hier beschleunigt auf freie Einzelplätze gelotst wird.

Frei zugänglich ist das zwischen den Parks gelegene Downtown Disney, in dem Sie aber keine Zeit verplempern sollten, später würden Sie es bereuen. Disneyland selbst ist in acht Bereiche geteilt: die Main Street USA, auf der auch die bunten, 40-minütigen Paraden stattfinden, Tomorrowland, Fantasyland, Mickey's Toontown, Frontierland, Critter Country, New Orleans Square und Adventureland. Zu den Top-Ten-Rides, die Sie auf keinen Fall verpassen sollten, zählen: **SPACE MOUNTAIN** (Tomorrowland) – Fans sind überzeugt, dass diese Raumfahrt besser ist, als jeder echte Trip ins All es sein könnte. Wer es schafft und nervlich verkraften kann, sollte im vordersten Sitz der ersten Bahn des rasenden Rollercoasters Platz nehmen. **INDIANA JONES**

14 Touren, die allen Spaß machen

81

ADVENTURE (Adventureland) – es rumpelt und poltert durch „Indies" Welt, die mit erschreckenden und liebevollen Details gespickt ist. PETER PAN'S FLIGHT (Fantasyland) – im fliegenden Piratenschiff geht's aus dem Schlafzimmer ins Neverland. PIRATES OF THE CARIBBEAN (New Orleans Square) – verraten sei nur, dass ein sprechender knöcherner Schädel und eine prall gefüllte Schatzkammer tragende Rollen spielen. BIG THUNDER MOUNTAIN RAILROAD (Frontierland) – man meint nicht selten, vom Canyon-Rand zu stürzen oder gegen einen Felsen zu prallen. Wer's unbedingt wissen will, setzt sich in eine der drei letzten Reihen der Bahn: Sie sind die wildesten. SPLASH MOUNTAIN (Critter Country) – nur so viel: Niemand verlässt diesen Ride ohne nasse Socken! HAUNTED MANSION (New Orleans Square) – selbst Türklinken und Kerzenständer werden in

Churros, Corn Dogs und Obst

Machen wir uns nichts vor: Der Tag in Disneyland wird gespickt sein mit Snack-Pausen. Die Restaurants im Park sind nicht besser als die Fast-Food-Stände, bei denen Sie günstiger wegkommen. Packen Sie also Wasserflaschen zum Auffüllen und reichlich Obst ein, in der Kombi mit fettigen Churros und triefenden Corn Dogs geht das für einen Tag in Ordnung, wir sind schließlich in den USA.

Familienfreundliche Unterkunft

Ein Besuch im Disneyland Resort ist kostspielig genug, Sie sollten nur dann in einem der sehr teuren Hotels der Anlage übernachten, wenn Sie im „Na ja, jetzt ist es eh egal!"-Modus sind. Vernünftige suchen sich eine preiswerte, pragmatische Unterkunft in Anaheim, etwa:

RAINBOW INN
Das einfache, aber nette und komfortable Motel liegt 7 Kilometer vom Park entfernt und hat einen Pool. Einer der besten Deals für eine Nacht. *831 South Beach Boulevard, Anaheim, CA 92804, Tel. +1 714 995 68 00, www.anaheimrainbowinn.com, Familienzimmer mit 2 Queensize-Betten $ 59/ Nacht im Sommer.*

dieser Geisterbahn lebendig. STAR TOURS (Tomorrowland) – Trip im 3-D-Bewegungs-Simulator, den „Star Wars"-Fans auf keinen Fall verpassen dürfen. FINDING NEMO SUBMARINE VOYAGE (Tomorrowland) – im quietschgelben U-Boot geht's hinab in die Tiefen des südlichen Pazifiks. IT'S A SMALL WORLD (Fantasyland) – süßer Spaß für kleinere Kinder und Erwachsene, die sich einfach mitfreuen möchten. Nach Einbruch der Dunkelheit gibt es dann den klassischen Abschluss eines Disney-Tages: das knallbunte Feuerwerk!

Tour 11: Wie in Mexiko und immer nah am Wasser

LA JOLLA • SAN DIEGO HARBOR • THE NEW CHILDREN'S MUSEUM • BELMONT PARK • OLD TOWN

WO: *San Diego* – **WIE: mit dem Auto** – **DAUER:** *Tagestour* – **NICHT VERGESSEN:** *Badesachen, Taucherbrille, Schnorchel, bequeme Schuhe*

Wem Los Angeles zu groß und unübersichtlich ist, der fährt knapp 2,5 Stunden die Küste hinab nach San Diego. Die 1,4-Millionen-Stadt beeindruckt nicht nur mit tollen Stränden, sondern vor allem mit ihrer eleganten und entspannten Atmosphäre. Ganz nebenbei: Hier ist auch die Geburts-

stätte Kaliforniens. Der spanische Seefahrer Juan Rodríguez warf 1542 Anker in der San Diego Bay und sorgte für die erste europäische Besiedlung des späteren Golden State. Knapp ein halbes Jahrtausend später spürt man wie in kaum einer anderen kalifornischen Stadt den kulturellen Einfluss der mexikanischen Nachbarn. Kein Wunder, die Grenze liegt nur eine halbe Stunde mit dem Auto entfernt. Wer auf der Suche nach originärem Latino-Flair ist, sollte besser auf einen Abstecher ins angrenzende Tijuana verzichten, das primär von

14 Touren, die allen Spaß machen

Aufgeräumte Geburtsstätte Kaliforniens: San Diego

US-Teenagern geflutet wird, die hier bereits ab dem 18. Lebensjahr Alkohol trinken dürfen. Ihre Kinder dürften sich schnell fehl am Platz fühlen. Die Tagestour in San Diego sollte man nach Schnorchel- oder Surfausflug in La Jolla, Hafenerkundung, Kindermuseum und Rummelplatzbesuch besser mit einem Abendessen in Old Town ausklingen lassen, wo es Tortillas, Burritos und Tacos ohne Folklore-Kitsch und Touristen-Fallen zu genießen gibt.

Schnorcheln & Surfen

Die Namensgeber waren vielleicht dem Kitsch zugetan, aber in ihrer Wortwahl konsequent und absolut treffsicher. **LA JOLLA** (gesprochen: „la hoiya") ist der spanische Ausdruck für „Juwel" und beschreibt San Diegos berühmtesten Küstenabschnitt und Ausflugsort ganz wunderbar. Der gesamte Stadtteil ist 22 Kilometer lang, die besten Spots für Schnorchler und Taucher liegen unter anderem in **LA JOLLA COVE** *[Coast Boulevard South, La Jolla, CA 92037, siehe auch S. 32].* In der kleinen Bucht kann man wunderbar in die Unterwasserwelt eintauchen, hier warten etwa orangerote Garibaldi-Fische, Korallen und mit etwas Glück auch Seelöwen oder Delfine auf ein entspanntes Meet & Greet im Ozean. Schnorchel- oder Tauchausrüstung kann bei Anbietern vor Ort geliehen werden, etwa bei **LA JOLLA DIVE** *[2144 Avenida De La Playa, La Jolla, CA 92037, Tel. +1 619 206 24 85, www.lajolladive.com]* oder **LA JOLLA OUTPOST** *[8008 Girard Avenue Suite 160, La Jolla, CA 92037, Tel. +1 858 352 61 08, www.lajolla.com].* Freunde des mediterranen Lebensgefühls genießen die Buchten und Strände, die von Felsen umgeben sind und an Top-Spots auf den Balearen erinnern. Weitere Familienstrände mit flachen Einstiegstellen und Sandburg-Garantie sind La Jolla Shores und der

In der Sonne glänzendes Juwel: La Jolla

Kids free in San Diego

Alljährlich lautet das Motto in San Diego: Welcome to Kid Kingdom! Den ganzen Oktober über steht Kindern ein kulturelles Königreich zur Verfügung, ohne dass die Eltern dafür zahlen oder das Sparschwein geplündert werden muss. Rund 120 Attraktionen, Restaurants und Hotels machen mit bei der Aktion **KIDS FREE SAN DIEGO**, darunter auch Top-Adressen wie SeaWorld San Diego, Legoland California (im nördlichen Carlsbad), San Diego Zoo, Birch Aquarium, Maritime Museum of San Diego oder der Flugzeugträger USS Midway. Besonders kinderfreundlich sind die Geheimtipps San Diego History Museum, das interaktive Fleet Science Center oder das San Diego Model Railroad Museum, wo nicht nur Fans von Modelleisenbahnen leuchtende Augen bekommen. Jährlich im Oktober, eine Übersicht aller Gratis-Aktionen unter *www.sandiego. org/promotions/kids-free*.

malerische Windansea Beach. Wer lieber surfen gehen will, sollte sein Board mit zum **BLACK'S BEACH** nehmen, der knapp 2 Kilometer nördlich von La Jolla Cove liegt. Interessante Randnotiz: Hier entstand 1970 der erste FKK-Strand der USA. Bis heute wird der Freikörperkult gelebt, ist

aber kein Muss. Nudisten und Textilfreunde bevölkern gleichzeitig den Strand. Wer von den echten Cracks lernen will, sollte sich für einen Crashkurs bei der **SURF DIVA SURF SCHOOL** *[2160 Avenida De La Playa, La Jolla, CA 92037, Tel. +1 858 454 82 73, www.surfdiva.com]* anmelden. Einzelunterricht samt Privatlehrer mit besten Haltungsnoten gibt es ab $ 85 pro Stunde. Für alle Strände gilt: Mit etwas Glück können Autofahrer ihren Wagen auf einem der wenigen Spots an der Promenade abstellen, in der Regel sollte man aber lieber einen der örtlichen Parkplätze (etwa in La Jolla Village) in Anspruch nehmen. Von dort lässt sich gemütlich der Ausflug an den Strand starten, in wenigen Gehminuten ist man dort.

Rundfahrt um den Hafen

Warum die Einheimischen ihre Stadt gern als America's Finest City preisen, kann man sehr gut bei einem Ausflug zum Hafen erleben. Nach dem Vormittag am Strand sollte man sich zunächst im **SEAPORT VILLAGE** stärken. Bei **WETZEL'S PRETZELS** *[839 W Harbor Drive, San Diego, CA 92101, www.wetzels.com, tägl. 9-21 Uhr]* gibt es unzählige Brezel-Varianten, süß oder salzig. Für den großen Hunger empfiehlt sich **EDGEWATER GRILL** *[861 W Harbor Drive, Apt W, CA 92101-7767, Tel. +1 619 232 75 81, www.edge watergrill.com, tägl. 8-22 Uhr]*, wo man von der Terrasse entspannt aufs Wasser blicken kann. Von dort sind es nur wenige Minuten bis zu **THE EMBARCADERO** *[www.sealtours.com/ san-diego/embarcadero]* Herz des Hafens. Von hier aus brechen zahlreiche

14 Touren, die allen Spaß machen

Schiffe im 30-Minuten-Takt zu ein- bis zweistündigen Rundfahrten auf, bei denen man einen tollen Blick auf die Skyline von San Diego hat. Genießen Sie die Seeluft und lassen Sie Ihre Beine ein wenig ruhen! Die Touren kosten im Schnitt $ 20 für Erwachsene und $ 10-15 für Kinder. Ein absolutes Muss: der Besuch des FISCHMARKTS am Samstag *[849 W Harbor Drive, 8-15 Uhr]*, wo die Fischer die Fänge direkt von ihren Kuttern verkaufen.

Kreative Spiele im neuen Kindermuseum

Sandburgenbauen ist bekanntlich ein spielerischer und unkomplizierter Weg, um die Kreativität von Kindern zu wecken – und/oder die eigene wiederzuentdecken! Wer aber doch noch größere Herausforderungen sucht, der sollte einen Abstecher in THE NEW CHILDREN'S MUSEUM *[200 W Island Avenue, Downtown San Diego, CA 92101, Tel. +1 619 233 87 92, www.thinkplaycreate.org, tägl. 9.30-16 Uhr, Erw. u. Kinder je $ 13]* einplanen, das nur knapp 5 Gehminuten von der Uferpromenade des Seaport Village entfernt ist. Hier gibt es allerhand fantasievolle Angebote für Kinder bis 14 Jahre, darunter eine Holzwerkstatt, Knetkurse, einen Mitmach-Garten und ein Malstudio, in dem man großflächige Objekte anpinseln kann. Kinder können hier die Ärmel hochkrempeln und kreativ sein. Jedes Studio hat seinen eigenen professionellen Künstler, der den Nachwuchs betreut. Eltern müssen ihre Kids hier nicht „parken", sondern sind ebenso eingeladen, sich mit Farbe oder Kreide zu beschmieren. Da sich hier regelmäßig auch ältere

Zu Besuch in der Welt des Wassers

Menschen, Tiere, Sensationen: SEAWORLD ist zweifelsohne die berühmteste Attraktion in San Diego. Der erste Meeres-Themenpark der Welt wurde 1964 von vier Absolventen der University of California gegründet. Allein elf Orca-Wale gibt es zu bestaunen, zehn weitere leben in den anderen SeaWorld-Parks in den USA. Neben zahlreichen Shows mit Walen, Delfinen und Seelöwen gibt es auch eine Wildwasser-Achterbahn. *500 Sea World Drive, San Diego, CA 92109, Tel. +1 619 222 47 32, www.seaworld.com/san-diego, tägl. 11-18 Uhr, Erw. u. Kinder je $ 95 ($ 73 bei Online-Kauf).*

Semester einfinden, gibt es auch Veranstaltungen wie „Drink, Play, Create – Ugly Sweater Party" oder Live-Musik-Events.

Das „Coney Island" von San Diego

New Yorker fahren am Wochenende für ein wenig Kurzweil und nostalgisches Karussell-Feeling bekanntlich gern nach Coney Island. Auf der anderen Seite der USA tummeln sich die Einheimischen von San Diego neben Touristen im BELMONT PARK *[3146 Mission Boulevard, San Diego, CA 92109, Tel. (858) 228 92 83, www.belmontpark.com, Mo-Fr 11-18, Sa 11-22, So 11-21 Uhr, Tagesticket (Armband) Erw. $ 27, Kinder (unter*

1,20 Meter) $ 17, siehe auch S. 31]. Der allseits beliebte Rummelplatz an der Uferfront im Stadtteil Mission Bay wurde am Nationalfeiertag 1925 eingeweiht und lebt ähnlich wie das New Yorker Pendant von der Anziehungskraft moderner Fahrgeschäfte und altmodischer Eleganz.

Altmodische Eleganz trifft auf 7-D-Spektakel im Belmont Park

Jüngere Besucher geben ihr Taschengeld für die eine oder andere Runde Krazy Kars oder Liberty Carousel aus, während es Eltern und Senioren vorziehen, sich eine Sundae-Eistüte zu gönnen, mit den Jahrmarktgeräuschen im Hintergrund am Boardwalk zu flanieren und den Sonnenuntergang zu genießen. Neu eröffnet hat das Xanadu 7-D-Theater, eine Mischung aus Achterbahn und interaktivem Multiplayer-Rollenspiel, bei dem die Besucher mit Spezialbrille und Laserpistole durch eine virtuelle Welt fahren und die sieben Dimensionen des chinesischen Xanadu-Mythos erkunden.

Mexikanisches Abendessen in der Altstadt

Den Tag in San Diego lässt man am besten mit einem entspannten Abendessen in OLD TOWN ausklingen. Vom Belmont Park dorthin sind es nur 10 Minuten mit dem Auto. Wer an einem lauen Sommertag lieber mit dem Fahrrad unterwegs ist, sollte 25 Minuten einplanen. Leihräder bekommt man etwa bei RAY'S RENTALS *[3221 Mission Boulevard, San Diego, CA 92109, www.rays-rentals.com, $ 12 pro Tag].* Die Altstadt wurde zur ersten permanenten spanischen Siedlung Kaliforniens ausgerufen und ist ein herrlicher Ort für Familien. An vielen

Superhelden treffen

Einst als überschaubarer Szenetreff gedacht, ist sie mittlerweile zum wichtigsten Comic-Event der Welt gewachsen. Doch nicht nur das: Seitdem Superhelden von Marvel und DC in Hollywood boomen, ist die COMIC-CON für die Filmbranche von enormer Bedeutung. Alljährlich Mitte Juli kommen rund 130.000 Besucher zum dreitägigen Event, um bei Autogrammstunden, Podiumsdiskussionen und Fan-Events auf ihre persönlichen Stars aus Science-Fiction und Fantasy zu treffen. Für Kids mit Superhelden-Faible ein Muss! *San Diego Convention Center, 111 W Harbor Drive, San Diego, CA 92101, www.comic-con.org, Tagesticket $ 21-63.*

Ecken kann man den historischen Charme und das mexikanische Erbe erleben und fühlen. Ein Highlight ist der Feiertag Dia de los Muertos (Tag der Toten), der alljährlich am letzten Oktober-Wochenende auch hier gefeiert wird und eine willkommene Alternative zum Halloween-Brauch ist. Klar, dass die meisten Restaurants ebenfalls in mexikanischer Hand sind. Zu den beliebtesten gehört das **CAFÉ COYOTE** *[2461 San Diego Avenue, CA 92110, Tel. +1 619 291 46 95, www.cafecoyoteoldtown.com, tägl. 7-22 Uhr]*, das seit 2009 jährlich zum besten mexikanischen Restaurant in Kalifornien ernannt wird. Wer dort keinen Tisch mehr bekommt, ist in der **CASA GUADALAJARA** *[4105 Taylor Street, Tel. +1 619 295 51 11, www.casaguadalajara.com, tägl. 11-21 Uhr]* oder in der **CASA DE REYES** *[2754 Calhoun Street, Tel. +1 619 220 50 40, www.casadereyesrestaurant.com, tägl. 10-21 Uhr]* bei Limetten-Limo oder Margarita sehr gut aufgehoben. w

Familienfreundliche Unterkunft

THE PEARL HOTEL
Eine Unterkunft, wie aus einem Hollywoodfilm der 1950er Jahre. Kinder freuen sich über den großzügigen Pool im Innenhof, während die Eltern das stilvolle Dekor im Art-Déco-Stil bewundern und sich (vielleicht) ein bisschen fühlen wie Humphrey Bogart und Ingrid Bergman. Dienstags ist immer „Burger Tuesday" (Burger & Getränk für $ 15) und einmal wöchentlich werden im Innenhof Hollywoodfilme wie „Verrückt nach Mary" oder „Pretty Woman". *1410 Rosecrans St, San Diego, CA 92106, Tel. +1 619 226 61 00, www.thepearlsd.com, Familienzimmer ab $ 219.*

Ausrangierte Kutsche in San Diegos Old Town

![Hölzerner Pier hinter drei springenden Delfinen: Stearns Wharf](image)

Hölzerner Pier hinter drei springenden Delfinen: Stearns Wharf

Tour 12: Pelikane, Kolibris und Mañana-Feeling

SANTA BARBARA

WO: *Santa Barbara –* **WIE:** *mit dem Auto und zu Fuß –* **DAUER:** *Tagestour –* **NICHT VERGESSEN:** *Badesachen*

Wer gern früh aufsteht und am **EAST BEACH** (siehe S. 24) entlangschlendert, kann die jetzt noch ungestörten Pelikane beim Beutefang beobachten. Die sogenannten Stoßtaucher segeln über die Wasseroberfläche, und kaum haben sie einen Fisch im Visier, lassen sie sich im Sturzflug aus bis zu 20 Metern senkrecht herabfallen. Sie sacken ihren Fang dann buchstäblich in ihrem Beutel unter dem Schnabel ein – sehr imposant. Für diesen ornithologischen Start unserer Tour

können Sie Ihr Frühstück in **JACK'S BISTRO** holen (siehe Kasten S. 91) und direkt am Strand verspeisen. Parkplätze sind hier in den Morgenstunden leicht zu finden. Nach einem Bad im Meer geht es zu Fuß weiter zu **STEARNS WHARF**, einem der Wahrzeichen der Stadt. Der hölzerne Fishing Pier trennt den Ostteil des Strandes vom noch lauschigeren West Beach und ist nett für einen kurzen Spaziergang. Die Statue mit drei springenden Delfinen über einem Springbrunnen markiert die Zufahrt zum Pier. Klar, dass sich vor allem kleine Kinder gern davor fotografieren lassen. Warum die Statue hier steht? Santa Barbara ist ein bevorzugtes Revier für Whale-Watching-Touren,

1786 errichtet und eins der ältesten Bauwerke des Staates: Mission Santa Barbara

auf denen natürlich auch Delfine verlässliche Begleiter sind. **CONDOR EXPRESS WHALE WATCHING** bietet von Santa Barbaras Hafen aus Trips an, bei denen unter anderem nach Delfinen, Seelöwen, Grau-, Blau- und Buckelwalen Ausschau gehalten wird (Detail-Infos siehe Kasten S. 25).

Mañana forever

Die Restaurants auf dem Pier mögen Gourmets einiges zu bieten haben, für Familien sind sie eher nichts. Zum Mittagessen verlassen Sie die Strandregion und bewegen sich in Richtung Altstadt. Namen wie La Cumbre Plaza und La Arcada weisen auf das spanische Erbe der Stadt hin, das hier allgegenwärtig ist. Santa Barbaras historisches Zentrum ist sehr europäisch: Alles ist zu Fuß zu erkunden und zahlreiche Straßencafés laden zum Pausieren ein. Palmen, viele Blumenkübel, Beete und insgesamt eine sehr relaxte Atmosphäre lassen fast vergessen, dass man sich nicht im Park, sondern im Einkaufsviertel bewegt. Doch es gilt: Nur kein Stress, es muss Zeit zum Chillen bleiben! Kleiner Tipp: Halten Sie an den Palmen und größeren Beeten immer mal nach Kolibris Ausschau, die sich hier oft blicken lassen. Das macht das Bummeln auch für Kinder durchaus erträglich. Aber wir waren beim Thema Mittagessen stehen geblieben: Die Pizzeria des **OLIO E LIMONE** hat knusprige Holzofen-Pizzas auf der Karte, die die ganze Familie satt, aber nicht arm machen *[11 W Victoria Street Suite 21, Santa Barbara, CA 93101, Tel. +1 805 899 26 99, www.olioelimone.com, tägl. 11.30–22 Uhr]*. Fürs Shopping sehr hübsch ist die **MALL PASEO NUEVO** *[651 Paseo Nuevo Santa Barbara, CA 93101, www.paseo nuevoshopping.com]*. Gute Anlaufstelle ist hier der lokale Sportswear-Produzent Big Dog, der schöne T-Shirts mit grafischen Motiven auch für Kinder im Repertoire hat.

Kleine Zeitreise

Selbstverständlich durchzieht auch Santa Barbara ein Scenic Drive, doch es macht viel mehr Sinn, sich treiben zu lassen. Country Courthouse, Clock Tower und Historical Museum sind nett anzuschauen, aber kein Muss. Die **MISSION SANTA BARBARA** hingegen lohnt einen Besuch: Schöne Gärten und Brunnen sowie ein kleines Museum erzählen von der Historie des 1786 errichteten Komplexes *[2201 Laguna Street, Santa Barbara, CA 93105, Tel. +1 805 682 47 13, www.santabarbaramission.org, tägl. 9-17 Uhr, Erw. $ 9, Kinder (5-17 J.) $ 4]*. Wieder raus aus dem weißen Backsteinbau bietet sich ein letzter Abstecher an den Strand an – zum Abkühlen im Meer und einer Runde Stand-up-Paddling (siehe S. 24).

Famose Bagels

Santa Barbara ist ein teures Pflaster. Das kostspielige Hotelfrühstück können Sie sich sparen, wenn Sie in **JACK'S BISTRO** leckere Cream Cheese Bagels und köstlichen Kaffee einpacken. Besonders delikat: The Santa Barbara, ein Bagel mit „gourmet flavored schmear". Was genau das ist, müssen Sie schon selbst herausfinden! Auch die Breakfast Burritos sind prima und können auf der Terrasse vertilgt werden. *53 S Milpas Street, Santa Barbara, CA 93103, Tel. +1 805 564 4331, www.bagelnet.com, Mo-Fr 6-16, Sa/So 7-15 Uhr.*

Familienfreundliche Unterkünfte

AUTOCAMP SANTA BARBARA
Ein Hotel nur aus Airstreams, also Wohnwagen, die silbrig in der Sonne glänzen. Die eiförmigen Häuser auf Rollen verfügen über eine komplett ausgestattete Küche, eine kleine Veranda und je zwei Fahrräder. Damit können Sie losdüsen und im Public Market, einer typischen Markthalle, frischen Fisch, Designer-Cupcakes und andere Leckereien von den örtlichen Bauernhöfen für die Mahlzeiten in Ihrem klassisch amerikanischen Haus auf Zeit kaufen. *2717 De La Vina Street, Santa Barbara, CA 93105, Tel. +1 805 619 56 04, www.autocamp.com, Standard-Airstream-Trailer für 2 Erw. u. 2 Kinder $ 321/ Nacht im Sommer.*

THE FESS PARKER
Alle Zimmer mit Zugang zur schönen Poollandschaft und kleiner Terrasse mit Palmen, um die zum Frühstück Kolibris schwirren. Viele praktische Services wie ein Fahrradverleih, zudem sind es nur ein paar Meter zu Fuß über die Straße und Sie sind am Strand. *633 E Cabrillo Boulevard, Santa Barbara, CA 93103, Tel. +1 805 564 43 33, www.fessparker santabarbarahotel.com, Zimmer mit 2 Queensize-Betten $ 365/Nacht im Sommer.*

Tour 13: Big Sur, der Weg als Ziel

SAN SIMEON ● PIEDRAS BLANCAS ●
PFEIFFER BIG SUR STATE PARK ● CARMEL

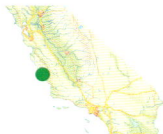

WO: *auf dem Highway 1 zwischen San Simeon im Süden und Carmel im Norden* – **WIE:** *mit dem Auto und zu Fuß* – **DAUER:** *Tagestour* – **NICHT VERGESSEN:** *Fernglas*

Der Logik dieses Buches folgend, reisen Sie von San Francisco aus im Uhrzeigersinn durch Kalifornien. Sie können die bisherigen zwölf Touren natürlich auch in einzelnen Etappen so zusammenstellen, wie es Ihnen gefällt. Wenn Sie jedoch unserer vorgeschlagenen Route für eine etwa dreiwöchige Reise gefolgt sind, sollte es nun von Santa Barbara aus wieder in den Norden gehen. Nichts ist dafür besser geeignet als der legendäre **HIGHWAY 1**. Der etwa 100 Kilometer lange Abschnitt entlang der Central Coast zwischen San Simeon im Süden bis Carmel im Norden ist legendär: Er bietet Ausblicke vom zerklüfteten Rand der Felsen auf die Gischt in menschenleeren Buchten, oft mit majestätischen Redwoods im Rücken. Die Straße ist hier nicht nur ein Weg, sie ist ein Erlebnis. Eigentlich. Denn im Winter 2017 kam es zu einem Showstopper: Heftige Stürme machten Straßensperrungen nötig und ließen die knapp 100 Meter lange **PFEIFFER CANYON BRIDGE** einknicken. Die Restaurierungsarbeiten werden mindestens bis Ende 2018 dauern. Da der Highway 1 nur durch wenige Querverbindungen mit dem übrigen Straßennetz verbunden ist, bedeutet die Fahrt bis zu einer Absperrung, dass man den Rückweg antreten muss, da es keine Abkürzung oder Umgehung gibt. Enorm viel Fahrerei mit Kindern, die man nicht einmal mit der Aussicht auf eine Badepause locken kann, da das Wasser hier selbst im Sommer dafür zu kalt ist. Wir skizzieren daher die Höhepunkte der Route nur kurz, Sie checken am besten online die aktuelle Straßensituation auf www.visitcalifornia.com.

Kalifornische Reisebegleiter: See-Elefanten

Auf der Bixby Creek Bridge geht es in 79 Meter Höhe über den Abgrund

Brüllende Seelöwen, rauschende Wasserfälle

PIEDRAS BLANCAS ist ein Naturschutzgebiet im **SAN SIMEON STATE PARK**. Von diversen Beobachtungsstationen können Sie hier Seevögel, Robben und Seelöwen, aber auch See-Elefanten beobachten, die hier in einer Kolonie von 17.000 Exemplaren leben. Ein schöner, 21 Meter hoher Ausgangspunkt ist die **PIEDRAS BLANCAS LIGHT STATION** *[15950 Cabrillo Highway, San Simeon, CA 93452, Tel. +1 805 927 73 61, www.piedrasblancas.org].* Der **PFEIFFER BIG SUR STATE PARK** *[47555 Highway 1, Big Sur, CA 93920, Tel. +1 831 667 23 15, www.parks.ca.gov/ParkIndex]* liegt 41 Kilometer südlich von Carmel. In diesem Park befinden sich, von reinen Campingplätzen abgesehen, die einzigen erschwinglichen Übernachtungsmöglichkeiten der Region, die ansonsten nur rar gesäte Edel-Herbergen bietet: die **BIG SUR LODGE** mit 61 Zimmern und Cottages *[47225 Highway 1, Big Sur , CA 93920, Tel. +1 831 667 31 00, www.bigsurlodge.com, Cottage für 4 Pers. mit Kamin $ 415/Nacht im Sommer].* Durch den Park führen sehr schöne Wanderwege, vorbei an Mammutbäumen, Naturpools und Wasserfällen, u. a. die 18 Meter hohen **PFEIFFER FALLS**. Auch der malerische, von Felsen umrahmte und von Palmen gesäumte **PFEIFFER BEACH** liegt ganz in der Nähe. Vom kostenpflichtigen Parkplatz sind es 200 Meter an den Strand. Beachvolleyball und Sandburgenbauen geht hier, der Pazifik ist mit maximal 16 Grad im Sommer aber für Normalsterbliche zu kalt zum Baden. Eins der Fotomotive des Highway 1 ist die erhabene **BIXBY CREEK BRIDGE**. Die bogenförmige Stahlbeton-Konstruktion trägt den Highway seit 1932 wie eine gewundene Schlange in 79 Meter Höhe über den Abgrund. Von Haltebuchten rund um die Brücke lässt sich das Motiv, besonders im Sonnenuntergang leuchtend, eindrucksvoll einfangen. Aber wie schon gesagt: Der Highway 1 ist ein wenig angeschlagen und die Brücke momentan leider nur aus dem Norden kommend zu erreichen.

Tour 14: Traumwandlerische Wasserwelten in Monterey

MONTEREY BAY AQUARIUM • WHALE WATCHING • KAJAK-TOUR • PEBBLE BEACH • CARMEL

WO: *von Monterey nach Carmel –* **WIE:** *mit dem Auto und zu Fuß –* **DAUER:** *Tagestour –* **NICHT VERGESSEN:** *Windbreaker, Sonnenbrille, Proviant, Picknickdecke, Fernglas*

Die Amerikaner pflegen ihre Liebe zu Superlativen auch gern in die entgegengesetzte Richtung. Monterey, 1602 nach dem spanischen Vizekönig benannt, wurde kürzlich von den Lesern des Reisemagazins „Condé Nast Traveler" in die Liste der 15 „Best Small Cities in the U.S." aufgenommen. Die 28.000-Einwohner-Stadt liegt knapp 2 Stunden südlich von San Francisco und eignet sich für weitaus mehr als nur für einen kurzweiligen Autostopp auf dem Weg nach Los Angeles. Weltberühmt ist vor allem das Monterey Bay Aquarium, das Eltern und Kinder mit leuchtenden Augen verlassen. Wer die Wasserwelt anschließend selbst erkunden möchte, geht auf Whale-Watching-Tour, paddelt im Kajak auf einem spektakulären Kurztrip durch die Monterey Bay oder die Sumpfgebiete von Elkhorn Slough. Wetten, dass Sie auf eine Gruppe neugieriger Seelöwen treffen?

Underwater Love

Schon mal von einem Mondfisch gehört? Oder gar ein Exemplar aus nächster Nähe begutachtet? Der kreisrunde Meeresbewohner mit rund 3 Meter Durchmesser und 3 Tonnen Gewicht ist nur eins von vielen kuriosen Highlights im **MONTEREY BAY AQUARIUM** *[886 Cannery Row, CA 93940, Tel. +1 831 648 48 00, www.monterey bayaquarium.org, tägl. 10-17 Uhr, Erw. $ 50, Teens (13-17 J.) $ 40, Kinder (3-12 J.) $ 30].* Es beherbergt mit 35.000 Exemplaren mehr Lebewesen, als die ganze Stadt Einwohner

Wer findet Nemo im Monterey Bay Aquarium?

Wie die Hippie-Musik auf die große Bühne kam

Die Wiege der US-amerikanischen 68er-Bewegung liegt, da sind sich die meisten Kulturwissenschaftler einig, an der Kreuzung Haight/Ashbury Street in San Francisco, die zum Treffpunkt der Beatniks und später der Hippies wurde. Das erste Massenevent war aber nicht, wie allgemein angenommen, das Woodstock-Festival von 1969, sondern das dreitägige **MONTEREY POP FESTIVAL**, das bereits zwei Jahre vorher stattfand. Der Eintritt kostete drei Dollar. Unter anderem traten Jimi Hendrix, The Mamas and the Papas, Simon & Garfunkel, The Grateful Dead und Janis Joplin auf, die alle auf ihre Gage verzichteten. Alle Einnahmen wurden für Charity-Zwecke gespendet. Anlässlich des 50-jährigen Jubiläums wurde das Festival im Sommer 2017 einmalig mit aktuellen Künstlern veranstaltet.

5 Meter hoch reichen die Fenster aus speziellem Acryl. Würden die Schlingpflanzen noch pinkfarben leuchten, wäre man hier in der Wunderwelt von „Avatar". Traumwandlerisch geht es weiter, man passiert den Touch Pool, wo man Korallen oder stachelige Seeigel anfassen darf, wohnt einer Fütterung der quirligen Otter bei und versinkt beim Anblick der anmutigen und lavalampenartigen Nesselquallen in der Schönheit des Augenblicks. Wie ein sanfter Tagtraum wirkt auch der große Bereich Outer Bay, in dem man eine Vielzahl von Meeresbewohnern beim friedlichen Nebeneinander beobachtet. Dieser Bereich ist so lebensnah gestaltet, dass man 2004 sogar einen Weißen Hai unterbrachte, der vor der kalifornischen Küste gefangen und nach einem Jahr wieder in den Pazifik entlassen wurde. Ein knapp 6,5 Meter langer Hai ist aber noch heutzutage im Aquarium zu beobachten. Wie bei vielen beliebten Attraktionen gilt auch hier: Nach Möglichkeit unbedingt Tickets vorab online kaufen, damit man lange Wartezeiten an der Kasse vermeidet.

Ein Hauch von „Free Willy"

Es gibt einen einfachen Grund, warum Monterey zu den beliebtesten und populärsten **WHALE-WHATCHING-HOTSPOTS** an der gesamten Pazifikküste zählt: die quasi ganzjährige Garantie, die mächtigen Meeresbewohner auch tatsächlich zu Gesicht zu bekommen, statt nur einen Blick auf ein paar geysirähnliche Wasserspritzer am fernen Horizont zu erhaschen. Dennoch gibt es auch hier saisonale Unterschiede, je nach Wanderungs- und Fortpflanzungs-

hat, und zählt seit seiner Eröffnung Mitte der Achtzigerjahre zu den tollsten Aquarien der Welt. Gleich zu Beginn werden Besucher in den Bann des Kelp Forest gezogen, bei dem man sich auf dem Meeresboden wähnt. Friedlich wogen Rankgewächse und gleiten Fische durch das Wasser, rund

14 Touren, die allen Spaß machen

Zeigen sich bevorzugt zwischen Dezember und April: springende Grauwale

riten der verschiedenen Spezies. So kann man etwa Grauwale am besten im Zeitraum zwischen Dezember und April sehen, wenn es die Tiere, aus dem Norden kommend, in wärmere Gewässer zieht. Blau- und Buckelwale sind dagegen vorrangig von April bis November auf dem Wasserkorridor unterwegs, der im langen kalifornischen Sommer zu ihrem bevorzugten Habitat wird. Schweinswale und Delfine sind ganzjährig in der weitläufigen Bucht von Monterey anzutreffen, genauso wie Otter, Seelöwen und natürlich Möwen. Eine knapp zweieinhalb- bis dreistündige Tour kann man etwa mit den Schiffen THE PRINCESS MONTEREY *[tägl. 9 u. 12.30 Uhr)* oder THE GREATLAND *[tägl. 10 u. 13.30 Uhr]* unternehmen. An Bord gibt es eine Snackbar und ein Sonnendeck für beste Aussicht. Vergessen Sie nicht ein Fernglas, das besonders für Kinder zum großen Spaß werden dürfte, wenn sie an Deck auf Entdeckungsreise gehen. Bitte beachten: Aus Sicherheitsgründen

dürfen Schwangere und Kinder unter 3 Jahren nicht an der Whale-Watching-Tour teilnehmen *[Monterey Whale Watching, 96 Fisherman's Wharf 1, Tel. +1 831 372 22 03, www. montereywhalewatching.com, Erw. $ 45, Kinder (3-11 J.) $ 35, Abfahrtszeiten siehe links]*.

Rauf aufs Wasser!

Wasser ist das bestimmende Element in Monterey, egal ob im Aquarium oder bei einem Whale-Watching-Trip. Jetzt wird es höchste Zeit, sportlich aktiv zu werden, etwa bei einem kleinen KAJAK-AUSFLUG. Je nach Anspruch und Abenteuerlust kann man unterschiedliche Routen wählen. Wer offene Gewässer bevorzugt, paddelt gemütlich durch die Buchten in und um Monterey, die von Frühling bis Herbst sehr ruhig sind. Allein eine Tour entlang des beliebten Touristenviertels Cannery Row ist den Ausflug wert. Gemächlich gleitet man über das Wasser, in der Ferne die Weite des Pazifiks. Freiheit pur! Keine Sorge, eine gefährliche Überraschung mit einem Wal, der unerwartet aus der Tiefe auftaucht, erlebt man in unmittelbarer Küstennähe nicht, dafür müsste man mehrere Kilometer hinauspaddeln – davon ist aber unbedingt abzuraten. Sehr abwechslungsreich ist dafür eine Tour durch die Sumpfgebiete von Elkhorn Slough. Wer damit Schlingpflanzen, morastige Ufer und grünes Dickicht verbindet, wird überrascht sein, wie anders es hier ist. Die Gewässer ähneln eher einem verschlungenen Flusslauf, bei dem man früher oder später auf Robben und Seelöwen trifft, die neugierig neben dem Boot schwimmen oder

Im Kajak vorm Touri-Hotspot Cannery Row

am Ufer ein kleines Schläfchen halten. Boote und Kajak-Equipment kann man sehr gut leihen bei **ADVENTURES BY THE SEA** *[299 Cannery Row, Monterey, CA 93940, Tel. +1 831 372 18 07, www.adventuresbythesea.com, ab $ 10/Std., Touren ab $ 60 pro Pers.]* oder bei **KAYAK CONNECTION** *[2370 Highway 1, Moss Landing, CA 95039, Tel. +1 831 724 56 92, www.kayakconnection.com, ab $ 35/4 Std., Stand-up-Paddle-Boards $ 35/4 Std.].*

Abendessen in Carmel

Wer eher auf die gemütliche Variante steht und nicht im Kajak Küste und Sümpfe erkunden will, kann dies alternativ per Auto tun. Dazu eignet sich am besten der pittoreske **17-MILE DRIVE** in südlicher Richtung. Monterey liegt auf einer Halbinsel, und bei Tageslicht ist die Route eine tolle Alternative zum Pacific Coast Highway (dem Highway 1), der in diesem Abschnitt ausnahmsweise nicht an der Küste entlangführt. Autofahrer zahlen eine Maut von $ 9,50, die aber jeden Cent wert ist. Auf dem Weg gibt es viele tolle Spots, wo man ein kleines Picknick am Strand

Wandertour durch Kaliforniens Wildnis

Es gibt zahlreiche tolle Wanderwege im Umland von Monterey, Carmel und von Big Sur, die absolut familienkompatibel und damit auch für kleinere Kinder geeignet sind. Im **JACKS PEAK COUNTY PARK** (etwa 10 Autominuten von Monterey-Stadt) kann man gemütlich auf dem 13 Kilometer langen Parcours laufen. Buchstäblicher Höhepunkt ist die Aussicht auf den Pazifik vom Jacks Peak. Eine gute Übersicht über weitere Parks und Wanderwege in der Gegend gibt es auf *www.co.monterey.ca.us.*

14 Touren, die allen Spaß machen

einnehmen kann, etwa Spanish Bay, Restless Sea oder Bird Rock. Letzterer verdankt seinen Namen der täglichen Vogelvollversammlung: Hunderte Kormorane und Pelikane treffen sich mit Seelöwen zum aufgeregten Stelldichein. Wenn Sie die Stadtgrenze von Carmel passieren, unbedingt am malerischen Pebble Beach halten, am besten bei Sonnenuntergang. Falls es das Budget erlaubt: Gönnen Sie sich vor Ort einen Kurzbesuch im mondänen **THE LODGE** *[1700 17-Mile Drive, Pebble Beach, CA 93953, www.pebblebeach.com]* am Pebble Beach, wo reiche Kalifornier den Tag auf dem anliegenden Golfplatz mit einem Glas Weißwein aus dem Napa Valley ausklingen lassen. Würde das Dandy-Drama „Der große Gatsby" von F. Scott Fitzgerald nicht auf Long Island spielen, hätte es hier auch gut hingepasst. Wer nicht nur auf ein Getränk bleibt (Zimmer gibt es ab $ 840), hat sogar exklusiven Zugang zum Freiluft-Schwimmbad und den Tennisplätzen, die sonst nur Club-Mitgliedern vorbehalten sind.

Wer weniger für die Welt der Schönen und Reichen übrig hat, fährt wenige Minuten weiter nach **CARMEL**, das es 2017 ebenfalls in die Liste der „Best Small Cities in the U.S." geschafft hat. Im 4.000-Seelen-Nest kann man den Tag wunderbar bei einem Abendessen ausklingen lassen, etwa im **LITTLE NAPOLI** *[Dolores between Ocean & 7th, Carmel, Tel. +1 831 626 88 85, www.chefpepe.com, tägl. 11.30-22 Uhr]*. Eine tolle Alternative ist das **400° GOURMET BURGERS & FRIES** *[Corner of Mission & 7th, Carmel, Tel. +1 831 244 04 40, www.400degrees.com, So-Do 11.30-20, Fr/Sa 11.30-21 Uhr]*.

Familienfreundliche Unterkünfte

MONTEREY BAY LODGE

Das grundsolide 2-Sterne-Hotel wirkt wie ein kultiges Motel aus einem US-Krimi. Die Gäste residieren im ersten Stock in Mehrbettzimmern, während ein großer Pool im Innenhof für kurzweiligen Badespaß sorgt. Nur 5 Minuten Fußweg bis Fisherman's Wharf. *55 Camino Aguajito, Monterey, CA 93940, Tel. +1 831 372 80 57, www.montereybaylodge.com, Doppelzimmer ab $ 66.*

MONTEREY PLAZA

Deutlich eleganter ist das Monterey Plaza, wo Gäste mit Meerblick unterkommen. Weitere Highlights (neben der Aussicht) sind etwa der Spa-Bereich auf der großen Dachterrasse und der Strand, der direkt vor der Haustür liegt. *400 Cannery Row, Monterey, CA 93940, Tel. +1 877 862 75 52, www.montereyplazahotel.com, Doppelzimmer ab $ 239.*

MONTEREY BAY HOSTEL

Günstigste Familienunter-kunft zwischen Aquarium und Cannery Row. Kinder schätzen die Etagenbetten, das Gratis-Pfannkuchenfrühstück und den Spieleraum. *778 Hawthorne Street, Monterey, CA 93940, Tel. +1 831 649 03 75, www.montereyhostel.org, Familienzimmer ab $ 90.*

4

GUT ZU WISSEN

Fakten
von A bis Z

Ankunft und Einreise

FLUGHÄFEN: Von Deutschland aus fliegen die meisten Fluggesellschaften **SAN FRANCISCO INTERNATIONAL AIRPORT** *[www.flysfo.com]*, **LOS ANGELES INTERNATIONAL AIRPORT** *[www.lawa.org]* oder **SAN DIEGO INTERNATIONAL AIRPORT** *[www.san. org]* an. Von den deutschen Günstigflug-Anbietern steuert nur Condor die großen Städte im Westen der USA an, direkt allerdings nur Las Vegas.

Mit Glück erleben Sie einen wolkenlosen Anflug

FLUGDAUER: Direktflüge von Deutschland zu den oben genannten Destinationen dauern etwa 12 Stunden, zurück etwas weniger. Addiert man Zubringerflüge zum Beispiel nach Frankfurt, München oder Berlin und die nötigen Umsteigezeiten, ist eine Gesamtanreisezeit von etwa 15 Stunden sehr effektiv, 18 Stunden immer noch tolerabel. Die günstigsten Angebote machen nicht selten Airlines aus dem Ausland, etwa KLM, Air France oder British Airways.

WARNUNG: Von einer Anreise mit Turkish Airlines, die via Istanbul sehr preiswert zu haben ist, ist dringend abzuraten. Die Umsteigezeit von in der Regel 1,5 Stunden ist extrem eng bemessen und auf dem sehr unübersichtlichen, weitläufigen Flughafen nur in äußerster Hektik zu machen, da im Nicht-EU-Land Türkei die Passkontrollen sehr umfangreich sind. Wir haben mit unserer Familie tatsächlich den Anschlussflug verpasst, mussten in die Türkei einreisen, für alle neue Tickets kaufen und konnten unsere Reise erst am nächsten Tag fortsetzen. Das ist ein Urlaubsstart, den man sich und seinen Kindern unbedingt ersparen sollte. Da sich Turkish Airlines zudem nicht der Schlichtungsstelle für den öffentlichen Personenverkehr angeschlossen hat, ist es äußerst schwierig, eine Erstattung für einen solchen Unglücksfall zu erstreiten.

Maßeinheiten

1 INCH = 2,54 cm
1 FOOT (12 INCH) = 30,48 cm
1 MILE (5.280 FEET) = 1,61 km
1 OUNCE = 28 g
1 POUND (16 OUNCES) = 0,45 kg
1 QUART (flüssig) = 0,9 l
TEMPERATUR: 33 °F = 0 °C,
77 °F = 25 °C, 95 °F = 35 °C
DAMENGRÖSSEN: 4 = 34, 6 = 36,
8 = 38, 10 = 40, 12 = 42 etc.
HERRENGRÖSSEN: 36 = 46,
38 = 48, 40 = 50 etc.

ESTA-GENEHMIGUNG: Für eine Reisedauer von max. 90 Tagen benötigt jeder Mitreisende eine ESTA-Genehmigung, die eine visumfreie Einreise in die USA garantiert. Diese muss spätestes 72 Stunden bzw. 3 Tage vor Reiseantritt online *[https://esta. cbp.dhs.gov/esta]* beantragt werden. Dabei fallen Kosten an, denn das US-Heimatschutzministerium hat die Einführung einer ESTA-Gebühr in Höhe von $ 14 beschlossen. Sie setzt sich aus zwei Beträgen zusammen: $ 4 Bearbeitungsgebühr und $ 10 Genehmigungsgebühr. Sollte Ihr ESTA-Antrag abgelehnt werden, so wird lediglich die Gebühr für die Bearbeitung des Antrags erhoben, also $ 4. Die gesamte Summe wird von Ihrer Kreditkarte abgebucht.
Nach zwei Jahren oder nach Ablaufdatum Ihres Reisepasses muss die ESTA-Genehmigung für ein weiteres Einreisen in die USA erneuert werden. Die Gebühr

wird übrigens nicht pro Einreise, sondern pro ESTA-Antrag erhoben.
APIS-FORMULAR: Alle Fluggesellschaften sind gesetzlich dazu verpflichtet, Flug- und Kontaktdaten der Passagiere an die zuständige US-Behörde weiterzuleiten. Für kürzere Wartezeiten beim Check-in bietet es sich an, das dazu benötigte APIS-Formular *[www.usatipps. de, Suche: APIS Formular]* online auszudrucken und ausgefüllt zum Flughafen mitzubringen.
ZOLL: Während des Fluges werden Sie gebeten, für Ihre Familie ein Zollformular in englischer Sprache auszufüllen. Dort müssen Sie angeben, ob Sie mit bestimmten Waren oder Geld in die USA einreisen. Erlaubt sind Lebensmittel wie Gebäck und Süßigkeiten, aber bitte keine Kinderüberraschungseier, denn die sind wegen der nicht essbaren Inhalte tatsächlich illegal. Personen über 21 Jahre dürfen 200 Zigaretten, 1 Liter Alkohol und Geschenke im Wert von $ 100 mitbringen. Zudem sind Sie berechtigt, bis zu $ 10.000 einzuführen. Höhere Summen müssen vorher bei der Zollbehörde angemeldet werden (Freibeträge siehe auch S. 109).
MEDIKAMENTE: Betäubungsmittel und gefährliche Medikamente werden vom Flughafenpersonal beschlagnahmt. Für Medikamente mit Inhaltsstoffen, die bedenklich sein könnten, wie Hustenmedizin, harntreibende Mittel, Herzberuhigungs- oder Schlafmittel sowie Antidepressiva und Aufputschmittel, müssen die dazugehörigen Beipackzettel und ein ärztliches Attest in englischer Sprache mitgeführt werden.

Gut zu wissen

Auskunft

Über Vergünstigungen, Events etc. informieren Sie sich am besten in Touristeninformationen vor Ort, z. B.:

SAN FRANCISCO VISITOR INFORMATION CENTER *[900 Market Street, San Francisco, CA 94102, Tel. +1 415 391 20 00, www.sftravel.com/visitor-information-center, Mo-Fr 9-17, Sa/So 9-15 Uhr]*

LOS ANGELES VISITOR INFORMATION CENTER *[6801 Hollywood Boulevard, Hollywood, CA 90028, Tel. +1 323 46764 12, www.discoverlosangeles.com, Mo-Sa 9-22, So 10-19 Uhr]*

SAN DIEGO VISITOR INFORMATION CENTER *[996 N Harbor Drive, San Diego, CA 92101, Tel. +1 619 236 1242, www.sandiegovisit.org, tägl. 9-16 Uhr]*

Autovermietung

Günstige Mietwagenanbieter sind **SUNNY CARS** *[www.sunnycars.de]*, **HOLIDAY AUTOS** *[www.holiday autos.de]* und **BILLIGER MIETWAGEN** *[www.billiger-mietwagen.de]*. Bei US-Mietwagenvermietungen achten Sie unbedingt auf CDW (Collision Damage Waiver) und LDW (Lost Damage Waiver). Sie garantieren eine Vollkaskoversicherung mit reduzierter Haftung bzw. Haftbefreiung bei Diebstahl. Bei Buchung in Deutschland sind diese Versicherungen in der Regel im Mietpreis enthalten. Bei den Anbietern in Kalifornien sollten Sie genau darauf achten, ob diese Versicherungen extra dazugebucht werden müssen. Eigene Kindersitze können aus Deutschland mitgebracht werden, fragen Sie bei Ihrer Fluggesellschaft nach, ob die Sitze kostenlos transportiert werden. Wenn nicht, könnte es günstiger sein, vor Ort einen Sitz zu mieten bzw. zu kaufen.

BEISPIELANGEBOT: Wir haben im Sommer 2017 von San Francisco Downtown bis zur Abgabe am Airport 18 Tage lang einen für 5 Personen sehr komfortablen Dodge Caravan 7 pax inkl. Vollkasko und Diebstahlschutz für € 948 gemietet. Das Navi sollte $ 15 pro Tag extra kosten. Es lohnt sich also, bei einer Mietdauer ab 10 Tagen ein Navi vor Ort, etwa in einer der Target-Filialen *[www. target.com, siehe S. 111]*, zu kaufen. Wer ein mobiles Navi hat, besorgt sich online für ca. € 40 Zusatzkarten für Kalifornien.

Wohnmobil

Der Trip im Wohnmobil durch Kalifornien hat natürlich seine ganz eigene Romantik und bietet sich insbesondere dann an, wenn man viele Naturparks ansteuern möchte. Eltern mit schulpflichtigen Kindern werden ihre Reise allerdings in den

Unterwegs mit Uber

Die App **UBER** vermittelt Fahrten von Privatpersonen ähnlich wie mit einem Taxi – nur viel günstiger. In Kalifornien funktioniert das perfekt. Wer eine Tour bestellt, kann sich vorab den Preis zum gewünschten Ziel anzeigen lassen. Besonders schön: Die Locals am Steuer haben für Touristen oft nette Anekdoten und Tipps parat. Praktisch für kurze Strecken, um eine neue nervige Parkplatzsuche zu vermeiden.

Das Reisen im Wohnmobil oder Hightech-Camper ist romantisch – aber nicht günstig

Sommerferien machen, wenn die Mobile Homes am teuersten sind. Ein mittelgroßes Wohnmobil für 4-5 Personen wurde uns im Sommer 2017 von/bis San Francisco von mehreren Anbietern, etwa **CRUISE AMERICA** *[www.cruiseamerica.com]*, **ROAD BEAR** *[www.roadbearrv.com]* und **BEST TIME** *[www.besttimerv.com]*, zu folgenden oder sehr ähnlichen Konditionen offeriert: € 239/Nacht plus Meilenpaket für eine Rundtour (€ 790) plus Bereitstellungskosten (€ 206), ohne Gebühren für die Campingausstattung (Geschirr, Töpfe etc.). Man hätte für 18 Tage Miete also € 5.298 gezahlt. Nach gründlicher Recherche stießen wir auf ein All-inclusive-Paket von **TUI CARS** *[www.tuicars.com]*, das die gleichen Leistungen für pauschal € 4.086 bot. Zu addieren sind dann die Gebühren für die Stellplätze und der im Vergleich zum Pkw oder Van sehr viel höhere Benzinverbrauch. Will man zudem einige Städte besuchen und sich auf kurvigen, engen Bergstraßen bewegen, kann sich ein Wohnmobil als sehr unkomfortabel herausstellen. Und: Einige der kleinen, lauschigsten Stellplätze in den Nationalparks sind für Wohnmobile gar nicht zugänglich. Sie müssen also gut abwägen, ob die Reise im Pkw/Van, kombiniert mit wechselnden Hotels und Naturpark-Cabins, eventuell die smartere Alternative für Ihre Familie ist. Wenn Sie mit nur einem kleinen Kind unterwegs sind, könnte ein Campervan von **JUCY** *[www.jucyusa.com]* eine prima Lösung sein: Die knallgrünen Minicampmobile haben ein ausklappbares Dachzelt und wären im Sommer 2017 bei 18 Tagen mit 2.500 Freimeilen für € 2.248 Miete zu haben gewesen.

Gut zu wissen

Camping

Von einfachen Zeltplätzen bis zu luxuriösen Wohnmobil-Stellplätzen – Kalifornien bietet Hunderte von Campingplätzen für jeden Geschmack und alle Bedürfnisse. Campingsaison ist hier das ganze Jahr über und die Region ist perfekt für Outdoor-Aktivitäten aller Art. Die besten und aktuellsten Übersichten über alle Camping-Möglichkeiten in Kalifornien bieten Apps wie „KOA" (kostenlos), „California State Campgrounds & RVs" (€ 1,09) oder „California Campgrounds Offline Guide" (€ 3,49). Wer es lieber gedruckt hat, greift zum 1.535 Seiten (!) starken Taschenbuch-Klassiker „Good Sam RV Travel Guide & Campground Directory" (für € 26,49). Er wurde neu überarbeitet und im Dezember 2017 publiziert.

Diplomatische Vertretung

Das deutsche **GENERALKONSULAT** in Los Angeles *[222 Wilshire Boulevard Suite 500, Los Angeles, CA 90048-5193, Tel. +1 323 930 27 03, in Notfällen (z. B. Beantragung eines vorläufigen Passes), www.germany.info/us-de/vertretungen/la, Mo-Fr 8-11 Uhr ohne Termin, sonst nur nach telefonischer Terminvereinbarung Mo-Do 8-16 und Fr 8-13.30 Uhr]* hilft Ihnen weiter, falls Ihre Pässe verloren gehen sollten oder es anderweitige Probleme gibt.

Ferien

In Kalifornien gibt es keine einheitlichen Ferienzeiten für alle Landkreise (Counties). In den meisten beginnen die Sommerferien Mitte Mai oder Mitte Juli und enden Mitte August bzw. Anfang September. Verbreitet sind darüber hinaus einwöchige Ferien zu Thanksgiving (Ende November, Thanksgiving Recess), Weihnachten (Christmas Recess), im Februar (Winter Recess) sowie im April (Spring Recess).

Geld

Ohne Kreditkarte ist man in den USA generell verloren. Sie können an allen ATM-Geldautomaten zu

Klimatabelle San Francisco

	Jan	Feb	Mär	Apr	Mai	Juni	Juli	Aug	Sep	Okt	Nov	Dez
Wassertemperaturen (in °C)	11	11	12	12	13	14	15	15	16	15	13	11
Lufttemperaturen (in °C)	13	15	16	18	19	21	22	22	23	21	17	13
Sonnenschein (in Std.) tägl.	6	7	9	10	10	11	10	9	9	8	6	5
Niederschlag (Tage/Monat)	11	11	10	6	4	2	0	0	2	4	7	10

dem aktuellen Wechselkurs und geringen Gebühren Bargeld abheben. Zudem gibt es die Möglichkeit, sich in Deutschland Travellerschecks über bestimmte Summen ausstellen zu lassen. Sie sind gegen Diebstahl und Verlust versichert und man kann mit ihnen bezahlen, ohne sie in Bargeld zu wechseln. Deutsche-Bank-Kunden haben den Vorteil, dass sie gebührenfrei mit ihrer Giro-, Kredit- oder Sparcard an allen Filialen der Bank of America abheben können.

Klima und Reisewetter

„It never rains in southern California" – diese Songzeile gilt, wohlgemerkt, nur für den südlichen Teil Kaliforniens ab Los Angeles. Im nördlichen Teil um San Francisco kann es selbst im Hochsommer am Meer neblig, feucht und kühl sein. Eine Windjacke und ein Pulli gehören also auch im Sommer ins Reisegepäck. Nördlich von Santa Barbara erreicht das Wasser des Pazifik zudem selten mehr als 15 Grad. Ab Santa Barbara in südlicher Richtung wird es dann jedoch immer wärmer, im Sommer um San Diego sehr warm und auch das Wasser hat hier im Sommer angenehme 20 Grad. In den tiefer gelegenen Regionen der Sierra Nevada herrscht das ganze Jahr über ein trockenes, sonniges Klima, die Höhen sind im Winter schneebedeckt und bieten zahlreiche beliebte Wintersportgebiete. In den Regionen östlich der Sierra Nevada ist das ganze Jahr über ein sommerliches Reisewetter mit Temperaturen selten unter 20 Grad zu genießen, in der Wüste um Reno oder in der Mojave Desert kann es im Hochsommer jedoch sehr heiß werden. Death Valley ist eines der trockensten Gebiete der Erde. Im Sommer ist es hier glühend heiß mit Durchschnittstemperaturen um 40, manchmal sogar um 50 Grad. Mit Kindern sollten Ausflüge in der Hochsaison deshalb besonders wohldosiert geplant werden. Im Winter wird es in den US-amerikanischen Wüstengebieten mit Werten um 20 Grad wesentlich milder.

Gut zu wissen

Klimatabelle Los Angeles

	Jan	Feb	Mär	Apr	Mai	Juni	Juli	Aug	Sep	Okt	Nov	Dez
Wassertemperaturen (in °C)	14	14	15	15	16	18	19	20	19	18	16	15
Lufttemperaturen (in °C)	18	19	21	22	23	24	27	28	27	24	22	19
Sonnenschein (in Std.) tägl.	7	8	9	8	9	9	11	11	9	7	8	8
Niederschlag (Tage/Monat)	5	5	5	3	1	0	0	0	1	1	3	4

Medizinische Versorgung

Die medizinische Versorgung in Kalifornien ist auf einem mit Deutschland vergleichbaren Niveau. Jedoch sollten Sie unbedingt beachten, dass Sie bei Ärzten immer sofort per Kreditkarte bezahlen müssen und die Rechnungen meist mehrere Hundert Dollar betragen können, da Behandlungskosten in den Staaten bis zu 8- bis 10-mal höher liegen als in Deutschland. Schließen Sie also vor Ihrer Reise eine Auslandskrankenversicherung ab, die die hohen Kosten in den USA abdeckt und Ihre Nerven im Notfall etwas beruhigt. ADAC-Mitglieder bekommen auf der ADAC-Website kostenlos eine Liste von Ärzten in Kalifornien.

Notrufe

Polizei, Feuerwehr, Ärzte: 911, Giftnotruf: +1 800 222 12 22 AAA, 24-h-Auto-Notdienst: +1 800-AAA-HELP bzw. +1 800 222 43 57.

Öffnungszeiten

Kleinere Shops außerhalb von Touristengegenden schließen oft schon gegen 17 Uhr. Große Geschäfte haben meist 8-21/22 Uhr geöffnet. Arbeitszeiten von Banken und Behörden sind 9-17 Uhr. Restaurants öffnen bereits gegen 17 Uhr für das Abendessen – und locken mit entsprechenden Angeboten –, schließen häufig aber bereits um 21 oder 22 Uhr.

Kleinere Shops machen manchmal überraschend früh Feierabend

Planen Sie groß!

„Mama, du hast Amerika geschrumpft", könnten Kinder meinen, wenn sie uns bei der Reisevorbereitung über die Schulter gucken. Denn die Planung findet oft in Apps oder am Tablet statt. Die „Kontinentalkarte Kalifornien" (Marco Polo, € 11,99) hat ungefähr das Format eines Kinderzimmerteppichs. Mit dem Finger die Highways entlangzuwandern gibt allen ein viel besseres Gefühl für die Dimension der Reise, zu der bald alle aufbrechen. Sieht auch als Poster an der Wand spitze aus!

Post

Postämter sind Mo-Fr 8.30-17, manche zusätzlich Sa 8.30-12 Uhr geöffnet. Eine Postkarte nach Europa kostet $ 1,15.

Rauchen

In Bussen, Zügen, Taxis und öffentlichen Gebäuden ist das Rauchen untersagt, ebenso in Gaststätten und Cafés, die Essen servieren.

Strom

Die Stromspannung in den USA beträgt 110 Volt. Ein einfacher Adapter genügt also nur, wenn Ihr mitgenommenes Gerät sowohl 230 V als auch 110 V verträgt. Sie sollten im Vorfeld unbedingt prüfen, welche Geräte Sie mitnehmen wollen, und auch die passenden Adapter testen.

Telefon und Internet

Sie möchten auch in den USA nicht auf Ihr Mobiltelefon verzichten? Gehen Sie nur online an Orten mit Wi-Fi-Zugang (z. B. in jedem Starbucks sowie in den meisten Hotels und Motels). Eine gute Übersicht über alle Wi-Fi-Spots gibt es auf der *www.openwifispots.com*. Telefonieren können Sie dann über WhatsApp oder Skype. Sie können sich auch vor Ort eine Prepaid-Card kaufen (z. B. bei Wal-Mart). Wenn Sie länger bleiben, lohnt eventuell eine USA-SIM-Karte über CELLION *[www.cellion.de]*. Die VORWAHL FÜR DEUTSCHLAND ist 01149. Beim Telefonieren innerhalb der USA muss man immer +1 und die jeweilige County-Vorwahl wählen. Nummern, die mit 800 beginnen, sind kostenlos.

Hyggeliges Kalifornien

Windmühle, Fachwerk, Pferdewagen: SOLVANG ist Kaliforniens „kleines Dänemark" und feiert das ganze Jahr die nordeuropäische Lebensart. Im Santa Barbara County, nur zwei Stunden nördlich von Los Angeles am Highway 1, können Sie eintauchen in das gemütliche Lebensgefühl der Dänen, Hygge genannt. Ihre Kinder werden sich vorkommen wie auf einer Zeitreise – Zimtschnecken und Smørrebrød bekommen Sie nirgends in Kalifornien leckerer als hier! *Infos: www.solvangusa.com.*

Gut zu wissen

Hotel am Rande der Mojave-Wüste

Preise und Trinkgelder

In den USA wird guter Service üblicherweise mit einem Trinkgeld belohnt. Die Löhne in Cofeeshops, Bars und Restaurants sind meistens nicht besonders hoch, so dass Servicekräfte auf Trinkgelder angewiesen sind. Bedienungen erhalten 15 bis 20 % der Gesamtrechnung. Manche Restaurants schlagen den „tip" allerdings automatisch drauf – schauen Sie sich die Rechnung also genau an, um nicht doppelt zu bezahlen. Zimmermädchen bekommen mindestens $ 1 pro Tag bzw. $ 5 pro Woche. Gepäckträger rechnen mit $ 1 pro Gepäckstück, Taxifahrer mit 15 %.

Unterkünfte

Um die beste Unterkunft für die eigenen Bedürfnisse zu finden, sollten Sie die Angebote von Hotels, Ferienwohnungen und Campingplätzen in den State Parks vergleichen, die teilweise schön gelegene Cabins oder sehr komfortable Lodges bieten. Bei **FEWO-DIREKT** *[www.fewo-direkt.de]* kann man online schöne Ferienwohnungen buchen, wobei man mit ca. $ 700 pro Woche rechnen sollte. **AIRBNB** *[www.airbnb.de]*

bietet die Möglichkeit, Ferienapartments, Wohnungen und auch Häuser online von privat zu buchen. Bei **BOOKING.COM** *[www. booking.com]* findet sich für jeden Geldbeutel eine Bleibe. Unterkünfte, die ein besonders gutes Preis-Leistungs-Verhältnis für Familien bieten oder mit Sonderservices bestens auf Kinder eingestellt sind, finden Sie in diesem Guide immer am Ende fast aller Touren im Kapitel „14 Touren, die allen Spaß machen" ab S. 34.

California Calling

The Wedding Present, Roy Orbison, U2 und die Beach Boys: Sie alle haben California besungen. Wir haben die besten Songs zum Träumen vom Urlaub und für lange Fahrten auf endlosen Highways in eine **SPOTIFY-PLAYLIST** gepackt. Einfach "FRF Kalifornien" in die Spotify-Suche eingeben, abspielen oder herunterladen. Sehr süß ist auch das Video von Marcella Detroit, die mit Ukulele und Santa-Mütze durch die Wüste tanzt und „California Xmas" besingt. Titel und Sängerin bei YouTube eingeben und ab geht's in Strandklamotten durch die Wohnung. „All the leaves are brown/and the sky is grey"? Forget it!

Einkaufen & Mitbringsel

Urlaub – das ist Erholung und Strand, Abenteuer und Erlebnis, aber vor allem, wenn Sie mit Teenagern unterwegs sind, auch (fast) immer Shopping. In dieser Hinsicht haben **SAN FRANCISCO, LOS ANGELES** und **LAS VEGAS** reichlich Spektakuläres zu bieten: Einkaufszentren, durch die schon mal Kanäle fließen und Gondeln ziehen, Vintage-Stores speziell für Sportfans, Themen- und Naturpark-Shops, Museumsgeschäfte und Bauernmärkte, die Farmers' Markets. Shoppingmalls mit populären Shops von The Gap, Old Navy, Macy's, Saks and Nordstrom sind fast überall am Highwayrand. Chanel, Dior, Armani, Vuitton, Jimmy Choo, Cartier, Rangoni, Sephora und Hunderte weitere angesagte Labels ballen sich in Premium-Outlets und den gigantischen Malls, vor allem in Las Vegas. Die Waren sind zwar selbst in den Outlets nur in Ausnahmefällen günstiger zu haben als daheim, aber es ist natürlich klasse zu wissen, dass die gefütterte Jeansjacke, die man durchs fiese Wetter trägt, aus L. A. ist und die Basecap aus Vegas! Bevor Sie in einen Komplettkaufrausch verfallen, sollten Sie daran denken, dass Sie für Deutschland max. für € 430 pro Person (Kinder unter 15 J. € 175) steuerfrei einkaufen dürfen. Alles, was Sie darüber hinaus eingesackt haben, muss verzollt werden. Lokale Shopping-Tipps finden Sie in diesem Guide in den beschriebenen Touren ab S. 34.

Bei Kids beliebte Souvenirs

Mitbringsel lösen im besten Falle „Weißt du noch?"-Effekte aus, wenn man sie trägt oder in die Hand nimmt. Deshalb ist es klug, Erinnerungsstücke direkt an den Abenteuer-Orten zu kaufen. Kleinere Kinder sind glücklich, wenn sie nach einer anstrengenden Klettertour im State Park mit einem Shirt oder Hoodie, einem Kompass oder einem Erdhörnchen-Kuscheltier belohnt werden, denn die kleinen Nager begleiten Sie auf Ihrer kompletten Tour durch Kalifornien. Wir haben im Yosemite-Park für unsere 9-jährige Tochter ein sehr süßes Eichhörnchen-Shirt mit dem Slogan „All big Things start as small Things" gekauft, das nur selten in die Wäsche darf. In einem der Gift-Shops von Nevada City, Sonora oder Sacramento können Sie eine Schürfpfanne kaufen und gleich ausprobieren, ob Sie ein paar Nuggets aus einem Flussbett waschen können – geht auch

Gut zu wissen

Eichhörnchen-Shirt als Souvenir

zu Hause. Auch nach dem Besuch eines Themenparks oder Aquariums (S. 94), dem Whale Watching oder einer SeaWorld-Visite in San Diego (S. 86) sind Souvenirs sowie Shirts mit Wal- und Delfin-Motiven oder dem Helden des Lieblingsfilms eine tolle Erinnerung. Wenn Sie in San Francisco eine Alcatraz-Tour planen, bekommen Sie am Pier 39 bei Krazy Kaps neben dem NFL/College Shop (S. 43) ein Gefangenen-Outfit für die Kinder. Tolle Mitbringsel für Freunde sind T-Shirts und Sweater mit dem „California Republic"-Schriftzug und dem Grizzly, die in San Franciscos Chinatown für nur ein paar Dollar zu haben sind.

Und was Teens so wollen
Teenager stehen wahlweise auf Baseball- oder Basketball-Trikots und Caps oder College-Sweater, die am besten in den NFL- oder NBA-Stores besorgt werden können, die in allen großen Städten zu finden sind. Eine besonders gut sortierte Kombination aus **NFL/COLLEGE SHOP** (S. 43) findet sich ebenfalls auf dem Pier 39 in San Francisco. Auch Memorabilien aus den **HARD ROCK CAFES** in **LOS ANGELES** *[6801 Hollywood Boulevard 105, Hollywood, CA 90028, +1 323 464 76 25, www.hardrock.com, tägl. 11-23 Uhr]* oder **SAN FRANCISCO** *[256 Pier 39 Concourse, San Francisco, CA 94133, +1 415 956 20 13, www.hardrock.com, tägl. 11-22 Uhr]* sind bei Mädchen ab 13 Jahren schwer angesagt.

Für Wellenreiter
Das California Surf Museum in Oceanside *[312 Pier View Way Oceanside, CA 92054, Tel. (760) 721-6876, www.surfmuseum.org, tägl. 10-16, Do 10-20 Uhr, Erw. $ 5, Studenten $ 3, Kinder unter 12 J. Eintritt frei]* feiert die Surf-Tradition San Diegos. Für Kids toll: das T-Shirt mit dem Schriftzug „A Shark ate my Homework". Rund um die Stadt, vor allem aber in Küstengemeinden wie Leucadia und Encinitas, finden Sie zahlreiche Bretterläden, zum Beispiel **HANSEN SURFBOARDS**, eine Lokalgröße, die seit 1961 hier residiert *[1105 S Coast Highway 101, Encinitas, CA 92024, Tel. +1 760 753 65 95, www.hansensurf.com, Mo-Fr 9-21, Sa 9-18, So 9-17 Uhr]*. Orange County gilt als das Epizentrum

In Surf-Shops finden Sie tolle Mitbringsel

Legenden to go

Lust auf einen Basketball, den Shaquille O'Neal und Allen Iverson unterschrieben haben? Oder auf ein Trikot mit der Signatur von Kobe Bryant? Die größte Sammlung handsignierter Sport-Memorabilien in Kalifornien gibt es bei **CARDBOARD LEGENDS**. Für Fans lohnt der 20-minütige Trip von Hollywood nach Van Nuys, auch wenn sie nichts kaufen, denn allein das Gucken und Abmessen der original Hand- und Fußabdrücke sind ein Riesenspaß. *17218 Saticoy Street, Van Nuys, CA 91406, Tel. +1 818 342 89 48, www.cardboardlegendsonline. com, tägl. 11-17 Uhr.*

der Surf-Kultur und Huntigton Beach ist die Schlagader. Vor dem Shop **JACK'S SURFBOARDS** *[101 Main Street, Huntington Beach, CA 92648, Tel. +1 714 536 4516, www.jackssurfboards. com, tägl. 8-10 Uhr]* ehrt der Surfing Walk of Fame die Helden des Wellenreitens mit Granitsteinen im Gehweg, während das nahe **HUNTINGTON SURF AND SPORT** *[300 Pacific Coast Highway, Huntington Beach, CA 92648, Tel. +1 714 841 40 00, www.hsssurf. com, So-Do 8-21, Fr/Sa 8-22 Uhr]* örtliche Surf-Legenden mit Hand- und Fußabdrücken in einer Surfing Hall of Fame verewigt hat. Die Firma **O'NEILL** hat den Neoprenanzug erfunden und dem Surfen einen weltweiten Boom beschert. Ihr Hauptsitz befindet sich in Santa Cruz. Auf dem Beach

Boardwalk signalisiert eine knallbunte Fassade und eine Bank aus Surfbrettern, wo der Surf-Shop zu finden ist *[400 Beach Street, Santa Cruz, CA 95060, Tel. +1 831 459 92 30, us.oneill. com, Fr/Mo 10-17, Sa/So 10-18 Uhr].*

Alles unter einem Dach

TARGET ist eine Kaufhauskette, die es in ganz Amerika gibt. Für Basics wie Socken und Unterwäsche, T-Shirts, Kosmetikartikel, aber auch Koffer, Elektronik, Food, Bücher und Musik ist das die richtige Adresse: alles unter einem Dach und einiges sogar recht günstig. Die Kinder- und Spielzeugabteilungen sind üppig. Tipp: Schauen Sie vorher auf der Target-Website *[www.target.com]* nach dem Link „find store" und entdecken Sie, wo der nächstgelegene Markt ist.

Noch Platz im Gepäck?

Zugegeben, wir verlassen hier definitiv den Öko-Food-Bereich. Aber Freunde jeden Alters freuen sich über typisch amerikanische Süßigkeiten, die Sie in den Regalen der kalifornischen Walmarts, Kmarts und Safeways bekommen, bei uns aber schwieriger zu haben sind: „Oreos", „Snickers" oder „Kitkat" mit Erdnussbutter-Füllung, hammersüße „Pop Tarts" zum Toasten, eine Packung „Rainbow Nerds", „Reese's Puffs", „Donut Crunch" oder „Lucky Charms" als Cornflakes-Alternativen, fluffige, cremegefüllte „Twinkies" oder eine Tüte „Cheetos", ein Maismehl-Snack, oft mit Käsegeschmack. Was soll's? Die Post-Urlaubs-Slideshow auf dem Beamer macht einfach doppelt Eindruck, wenn derlei fieser Schnoopkram die Runde macht.

Gut zu wissen

111

Festkalender

Januar
TOURNAMENT OF ROSES PARADE
UND ROSE BOWL
[www.tournamentofroses.com]
Two in one: Feiern Sie den American Football und den Beginn des neuen Jahres in der Nähe von Los Angeles.

Februar
CHINESE NEW YEAR PARADE
[www.chineseparade.com]
Die größte Feier zum chinesischen Neujahrsfest außerhalb Asiens: Schauen Sie in den Straßen von San Francisco Drachen- und Löwentänzern dabei zu, wie sie böse Geister vertreiben.

März
MENDOCINO COAST
WHALE FESTIVALS
[www.mendowhale.com]
Bootsfahrten, Kajaktouren und geführte Wanderungen zur Walbeobachtung in der North-Coast-Region, dazu gutes Essen, Bier, Wein und Musik in den Orten der Umgebung.

Hauptsache, schön: Santa Barbara Kite Festival

CALIFORNIA'S ARTISAN
CHEESE FESTIVAL
[www.artisancheesefestival.com]
Probieren Sie bei diesem dreitägigen Ereignis im Sonoma County vor Ort in kleinen Käsereien gefertigte Käsesorten – für Kinder sind auch milde Varianten dabei.

April
CLOVIS RODEO
[www.clovisrodeo.com]
Traditionell immer Ende April und 2018 bereits zum 104. Mal findet dieses Rodeo auf Pferden und Stieren statt – mit einem speziellen Programm für „Kids Cowboys".

POPPY FESTIVAL
[www.poppyfestival.com]
Warum nicht die Mohnblume feiern? Besuchen Sie den Sgt. Steve Owen Memorial Park in Lancaster und amüsieren Sie sich in Fahrgeschäften, bei gutem Essen und prima Musik.

SANTA BARBARA KITE FESTIVAL
[www.sbkitefest.net]
Drachen in Hülle und Fülle, die schönsten, lustigsten und am wenigsten (!) flugfähigen Flugobjekte werden prämiert.

Mai
CALIFORNIA
STRAWBERRY FESTIVAL
[www.strawberry-fest.org]
Rund um Oxnard werden Kochduelle veranstaltet, in denen Meisterköche um das beste Erdbeerrezept streiten, es gibt Tortenesswettbewerbe und sogar Erdbeerbier.

Eins der Fahrgeschäfte der California State Fair

KINETIC CHAMPIONSHIP
[www.kineticgrand championship.com]
Sehr abgedreht: In Ferndale an der North Coast starten kostümierte Fahrer in selbst gebastelten, von Menschenhand angetriebenen Fahrzeugen zum Wettrennen.

TEMECULA VALLEY BALLOON & WINE FESTIVAL
[www.tvbwf.com]
Dutzende bunter Heißluftballons steigen bei diesem mehrtägigen Ereignis mit Wein- und Bierverkostungen, Musik und natürlich Ballonfahrten über den üppigen Weinbergen des Inland Empire in die Luft.

Juni
CASTROVILLE ARTICHOKE FESTIVAL
[www.artichokefestival.org]
Sehen Sie sich Kochvorführungen an, beäugen Sie Kunst zum Thema Artischocken und bejubeln Sie die jährliche Artischockenkönigin.

BAUERNMÄRKTE
[www.cafarmersmkts.com]
Eine Übersicht über die Farmers' Markets in ganz Kalifornien – neben frisch gepflücktem Obst und Gemüse wird auch Kunsthandwerk angeboten.

MARIACHI USA
[www.mariachiusa.com]
Mariachi-Bands und Folkloretänze

auf einer der atemberaubendsten Bühnen der Welt: der Hollywood Bowl in Los Angeles (siehe auch S. 72). Die Veranstaltung endet mit einem riesigen Feuerwerk.

Juli
CALIFORNIA STATE FAIR
[www.castatefair.org]
Amüsieren Sie sich bei Fahrgeschäften, Nutztierausstellungen und Pferderennen sowie Bluegrass und anderen Klängen in Sacramento.

FESTIVAL OF ARTS PAGEANT OF THE MASTERS
[www.foapom.com]
Mehrwöchiges Spektakel in Laguna Beach bei L. A.: Klassische Kunstwerke werden von kostümierten Schauspielern in aufwendigen Kulissen nachgestellt.

VANS US OPEN OF SURFING
[www.vansusopenofsurfing.com]
Infos siehe S. 124.

Gut zu wissen

GILROY GARLIC FESTIVAL
[www.gilroygarlicfestival.com]
Nichts für Vampire: Köche machen
an der Central Coast Knoblauch
zum Mittelpunkt aller Speisen –
von Pommes bis Eiscreme!

August
OLIVE FESTIVAL
[www.shastacascade.com]
Hier ist die Olive Königin: In der
Region Shasta Cascade gibt es eine
Parade, Führungen durch Olivenhaine
und Wettbewerbe für Kinder, zum
Beispiel Olivenkern-Weitspucken.

TOMATO FESTIVAL
[www.woodlandtomatofestival.com]
Umgeben von den Tomatenfeldern
des Central Valley finden in Wood-
land Tomatenverkostungen, Kochduelle und Salsa-Wettbewerbe statt.

September
AMERICAN RIVER MUSIC FESTIVAL
[www.americanrivermusic.org]
Bluegrass- und andere Musikgenres
in entspannter Freiluftatmosphäre in
Coloma.

MONTEREY JAZZ FESTIVAL
[www.montereyjazzfestival.org]
Größen wie Pat Metheny und Quincy
Jones stehen beim größten Jazz-Event
der Welt mit insgesamt 500 Künstlern
auf Bühnen an der Central Coast.

Oktober
ALPINE ASPEN FESTIVAL
[www.alpineaspenfestival.org]
Herbstliche Goldtöne in der Nähe
des Lake Tahoe, dazu Musik, lokale
Köstlichkeiten und Vorführungen
im Fliegenfischen.

**HALF MOON BAY ART AND
PUMPKIN FESTIVAL**
[www.pumpkinfest.miramarevents.com]
Alles rund um den Kürbis: Schnitz-
wettbewerbe, Riesenkürbis-Wett-
wiegen, Musik sowie Speisen und
Getränke mit Kürbisgeschmack.

Gilroy Garlic Festival: Kuscheln mit Riesenknoblauch

Staatliche Feiertage

NEW YEAR'S DAY – 1. Januar
MARTIN LUTHER KING DAY –
3. Montag im Januar
WASHINGTON'S BIRTHDAY –
3. Montag im Februar
MEMORIAL DAY –
letzter Montag im Mai
INDEPENDENCE DAY – 4. Juli
LABOR DAY (Tag der Arbeit) –
1. Montag im September
COLUMBUS DAY –
2. Montag im Oktober
VETERANS DAY – 11. November
THANKSGIVING DAY –
4. Donnerstag im November
CHRISTMAS DAY –
25. Dezember
Fallen Neujahr, der Unabhängigkeitstag oder Weihnachten auf einen Sonntag, so ist der folgende Tag ebenfalls ein Feiertag. Fällt einer dieser Tage auf einen Samstag, wird der Tag davor zum Feiertag. Ein Feiertag ist in den USA nicht gleichgesetzt mit einem arbeitsfreien Tag, somit haben die meisten Geschäfte geöffnet. Frei gibt es oft nur für Schulen, Banken und Behörden. Am 25.12. sind allerdings alle Geschäfte geschlossen.

Auf zum Wettwiegen: Pumpkin Festival

November
RIDGECREST PETROGLYPH FESTIVAL
[www.rpfestival.com]
Tausende Jahre alte indianische Felskunst, Powwows verschiedener Indianerstämme, ein Straßenfest mit wilden Eseln und Musik – der Dreiklang dieses Festivals.

Dezember
NEWPORT BEACH CHRISTMAS BOAT PARADE
[www.newportbeachboatparade.com]
Newport Harbor bietet eine spektakuläre Show schwimmender Lichter, bei der sich die lokalen Bootsbesitzer mächtig ins Zeug legen, um ihre Kähne zum Leuchten zu bringen.

SNOWGLOBE
[www.snowglobemusicfestival.com]
Ska, Hip-Hop und andere Musikgenres sorgen in South Lake Tahoe in der verschneiten High Sierra dafür, dass Ihnen warm wird beim Anschauen der Snowboard- und Skivorführungen.

THANKSGIVING FESTIVAL
[www.hoesdown.org]
Das Ende der Erntezeit wird auf der Full Belly Farm (Region Capay Valley) gefeiert. Für Kinder klasse: Schafescheren, Eiscremeherstellung, Radtouren zu Farmen in der Umgebung.

Gut zu wissen

Flora & Fauna

Kalifornien ist das Land der Extreme und Vielfalt: Es gibt heiße Wüsten, eisige Gletscher, endlose Sandstrände, alpine Berge, rauschende Wasserfälle und brodelnde Vulkane. Fast alle Klimazonen der Erde sind vertreten. Hier findet man sowohl den höchsten Berg der USA außerhalb Alaskas (Mount Whitney, über 4.400 Meter hoch) als auch den tiefsten Punkt (Death Valley, 85,5 Meter unter dem Meeresspiegel).

Die unberührte Natur der Nationalparks

Die Nationalparks Kaliforniens gehören zu den wichtigsten Sehenswürdigkeiten des Bundesstaates. Das weltbekannte Death Valley liegt im Osten in der Mojave-Wüste und ist der trockenste und heißeste Ort Amerikas. Verlassene Geisterstädte, verwitterte Felsformationen, die bunt in der Sonne schimmern, goldene Canyons und weite Sanddünen ziehen sich durch das „Tal des Todes". Extrem sind die Höhenunterschiede: Während der Telescope Peak 3.368 Meter in die Höhe ragt, liegt das Badwater-Becken mit seinen faszinierenden Salzseen 85,5 Meter unter dem Meeresspiegel – und ist damit der tiefstliegende Ort der USA. Achtsamkeit ist geboten: Das Death Valley ist neben Echsen auch die Heimat von Klapperschlangen und Skorpionen. Doch die Mojave-Wüste hat noch mehr auf Lager: Das südlichste Ende erstreckt sich bis in den Joshua Tree National Park, der aus gleich zwei Wüsten besteht, der Mojave- und der Colorado-Wüste. Seinen Namen erhielt der Park von einer Yuccapflanze, dem Joshua Tree, einer Palmenart, die bis zu 1.000 Jahre alt werden kann. Ebenfalls im Osten Kaliforniens befindet sich der Yosemite National Park, der UNESCO-Weltnaturerbe ist. Er beheimatet gigantische Felsen, Seen, rund 2.600 Kilometer Flüsse,

Joshua Tree National Park: links einer der namensgebenden Bäume

Der Obstgarten der USA

Im Herzen Kaliforniens, zwischen den Küstenbergen und dem Hochgebirge der Sierra Nevada, befindet sich ein lang gestrecktes, äußerst fruchtbares Tal: das Central Valley. Das Klima hier ist perfekt für den Anbau von Weintrauben, Zitrusfrüchten, Gemüse, Obst, Baumwolle und Futterpflanzen. Mithilfe einer künstlichen Wasserversorgung wurde das Tal zum Füllhorn der amerikanischen Landwirtschaft und so zum „Obstgarten Amerikas".

1.300 Kilometer Wanderwege und 560 Kilometer Straßen. Die tosenden Yosemite Falls gehören mit einer Gesamthöhe von 739 Metern zu den höchsten Wasserfällen der Welt. Wanderungen, Bergsteigen oder Klettern machen den Aufenthalt im Yosemite National Park zu einem sportlichen Erlebnis für Abenteuerlustige. Wer Glück hat, kann dabei Rehe, Füchse oder Bären in freier Wildbahn entdecken. Vereinzelt stößt man auch auf riesige Mammutbäume. Wer diesen alten Giganten noch näher kommen möchte, sollte außerdem einen Besuch in den Nationalparks Sequoia, Kings Canyon sowie Redwood einplanen. Hier gibt es den höchsten Baum der Erde: Der Hyperion ist ein Küstenmammutbaum (häufig auch Carlifornia Redwood genannt) und stolze 115,55 Meter hoch. Im

Norden Kaliforniens befindet sich der Lassen Volcanic National Park – ein weiteres aufregendes Ausflugsziel. Benannt wurde er nach dem Vulkan Lassen Peak, der zuletzt im Mai 1914 ausbrach. Heute hat er sich zwar beruhigt, doch Naturphänomene wie dampfende Schwefelschlote, blubbernde Schlammtöpfe und heiße Quellen verdeutlichen, dass dieses Stückchen Erde noch lange nicht zur Ruhe gekommen ist. Ein komplett anderes Naturschauspiel bietet der Channel Islands National Park vor der Küste Kaliforniens. Er besteht aus fünf

Verlassene Geisterstädte

Wer eine kurze Pause von den Nationalparks braucht, macht einen Abstecher in den Wilden Westen. **CALICO GHOST TOWN** ist eine ehemalige Minenstadt mitten in der Mojave-Wüste. Schon 1895 wurde Calico von seinen Bewohnern verlassen und verfiel zur Geisterstadt. Heute ist das gesamte Gelände in einen „historischen Park" umgewandelt. Es gibt einen Saloon, ein altes Schulgebäude und eine Polizeiwache mit Gefängniszellen. Besonderes Highlight für Kinder: Eine kleine Bahn fährt durch das Gebirge. Ein unvergessliches Wildwest-Abenteuer! *36600 Ghost Town Road, Yermo, CA 92398-0406, www.calicotown. com, tägl. 9-17 Uhr (an Weihnachten geschlossen).*

Inseln im Pazifischen Ozean. 145 der in Kalifornien heimischen Tierarten kommen nur hier vor.

Flüsse und Seen

Die längsten Flüsse Kaliforniens sind der Sacramento und der San Joaquin River. Während der Sacramento River ein beliebter Ort zum Bootfahren, Angeln und Wandern ist, besteht der San Joaquin River aus zahlreichen Wildnisschutz- und Feuchtgebieten. Der Lake Tahoe gilt als Kaliforniens schönster Bergsee, an dem es viel zu erleben gibt – von Paddelfahrten im Kanu bis hin zu Wasserskilaufen (siehe Kap. „Sport", ab S. 122). Immer ein Hit: eine Ausfahrt mit dem Schaufelraddampfer „MS Dixie II".

Wilde Tierwelt

Auch wenn der Grizzlybär und der Kalifornische Kondor, der mit einer Flügelspannweite von über zwei Metern zu den größten Vögeln der Welt gehört, in der freien Natur verschwunden sind, bietet Kalifornien vielen bedrohten Tieren einen Lebensraum. Hier leben rund 135 Spezies von Amphibien und Reptilien, über 400 Vogel- und fast 30.000 Insektenarten. Mit etwas Glück entdeckt man im Landesinneren Murmeltiere, Wiesel, Luchse, Kojoten, Wüstenfüchse, Waschbären, Elche und Schwarzbären. Entlang der Küste kann man einen Blick auf Otter, Robben und See-Elefanten werfen. Noch näher kommt man dem Unterwasserleben im **MONTEREY BAY AQUARIUM**. Hier gibt es 35.000 Meerestiere zu entdecken: vom Hammerhai über Riesenkraken bis hin zu Sardinenschwärmen

Die Meeresriesen hautnah erleben

Jedes Jahr zwischen November und Februar passieren rund 20.000 Grauwale Kalifornien auf ihrem Weg nach Süden, um sich in den warmen Gewässern zu paaren und ihre Jungen auf die Welt zu bringen. Auf dem Weg dorthin ziehen sie auch an der Mendocino Coast entlang. Eine tolle Gelegenheit, einen Blick auf die sanften Riesen zu erhaschen. Zwischen Mai und Dezember haben Besucher gute Chancen, Blauwalen zu begegnen. In der Gegend um Monterey Bay werden immer häufiger Orcas und Buckelwale gesichtet. **PRINCESS MONTEREY WHALE WATCHING**, *96 Fisherman's Wharf 1, Monterey, CA 93940, Tel. +1-831 372 22 03, www. montereywhalewatching.com, Erw. $ 45, Kinder (3-11 J.) $ 35.*

[886 Cannery Row, Monterey, CA 93940, Tel. +1 831 644 10 69, www. montereybayaquarium.org, tägl. 10-17 Uhr, Erw. $ 49,95, Kinder (3-12 J.) $ 29,95, siehe auch S. 94]. Ein weiteres Highlight: Heute lassen sich vor der Küste Kaliforniens wieder Grauwale beobachten, die zwischenzeitlich nahezu ausgerottet waren, nun aber in großer Zahl zurückgekehrt sind. Auch zahlreiche Delfin-Spezies, Buckel-, Blau- und Finnwale sowie Orcas werden immer wieder gesichtet (siehe Kasten oben).

Geschichte

Die Ureinwohner

Vor Tausenden von Jahren war Kalifornien die Heimat zahlreicher Indianerstämme. Mehr als eine halbe Million Menschen lebte hier friedlich nebeneinander im Rhythmus und Einklang mit der Natur. Sie sprachen verschiedene Sprachen, ihre Territorien waren klar voneinander abgegrenzt. Zu den größten kalifornischen Indianerstämmen gehörten unter anderem die Pomo, die Hupa und die Chumash, die vorwiegend sesshaft als Jäger und Sammler lebten. Die Chumash-Indianer besiedelten die Channel Islands und galten als talentierte Seefahrer, die in ihren Kanus auf Fisch-, Delfin- und sogar auf Walfang gingen. Das Volk der Pomo hingegen war für sein handwerkliches Geschick bekannt: Sie fertigten Matten und Körbe, die mit bunten Federn und Perlen dekoriert waren.

Die ersten Europäer, die in Kalifornien ankamen, wurden von den Indianerstämmen freundlich aufgenommen, doch der Friede hielt nicht lange: Die Eroberer begannen, den Indianern ihr Land gewaltsam wegzunehmen, und rotteten ganze Stämme aus. Die meisten Indianer starben durch eingeschleppte Krankheiten wie Masern, Windpocken oder Syphilis. 1870 waren rund 90 Prozent der kalifornischen Ureinwohner ausgelöscht. Heute erinnern Indianerreservate und Museen an die ursprüngliche Bevölkerung. Das **STATE INDIAN MUSEUM** *[2618 K Street, Sacramento, CA 95816, Tel. +1 916 324 09 71, tägl. 10-17 Uhr, Erw. $ 5, Kinder (6-17 J.) $ 3]* befindet

Cabrillo National Monument

sich im Zentrum von Sacramento und beherbergt zahlreiche Exponate zur Geschichte der kalifornischen Indianerstämme.

Die Eroberer kommen

Der erste Europäer, der einen Fuß auf kalifornischen Boden setzte, war 1542 der portugiesische Seefahrer Juan Cabrillo, der für die spanische Krone segelte. Ihm zu Ehren befindet sich heute an jener Stelle das **CABRILLO NATIONAL MONUMENT** *[1800 Cabrillo Memorial Drive, San Diego, CA 92106, Tel. +1 619 557 54 50, www.nps. gov/cabr/index.htm, tägl. 9-17 Uhr, Erw. $ 10, Kinder (bis 16 J.) frei]*, ein Aussichtspunkt, von dem aus man die ganze Stadt San Diego überblicken kann. Doch erst über 200 Jahre nach seiner Ankunft, ab 1769, nahmen die Spanier das Gebiet in Anspruch und errichteten 21 Missionen entlang der Küste, um die Indianer zum Christentum zu bekehren. Daher tragen viele kalifornische Städte noch heute die Namen katholischer Heiliger („san" bedeutet „heilig" auf Spanisch). Als sich 1821 Mexiko die Unabhängigkeit von Spanien erkämpfte, endete auch die europäische Herrschaft über Kalifornien. Im Schatten des Mexikanisch-Amerikanischen Krieges riefen Siedler 1846 die „California Republic" aus, die wegen des Bären auf der Flagge auch „Bear Flag Republic" genannt wurde. 1850 wurde das junge Kalifornien der 31. Staat der USA.

Im Goldrausch

Nicht umsonst wird Kalifornien als Golden State bezeichnet: Der Fund von ein paar Stückchen Gold im Sacramento River im Jahr 1848 löste einen wahren Goldrausch aus. Über 50.000 Glückssucher und Abenteurer aus aller Welt strömten innerhalb eines Jahres nach Kalifornien, um reich zu werden. Viele der ursprünglichen Boomtowns der Zeit liegen am State Highway 49. Diese Region, die heute als Gold Country bekannt ist, vermittelt noch immer das Gefühl des alten Westens. Wer selbst auf Goldsuche gehen möchte, besucht den **COLUMBIA STATE HISTORIC PARK** *[11255 Jackson Street, Columbia, CA 95310, Tel. +1 209 588 91 28, tägl. 10-17 Uhr, Eintritt frei, siehe auch S. 46].* Hier kann man u. a. eine Goldmine besichtigen, mit einer Postkutsche fahren und Gold waschen.

Das Eisenbahnzeitalter

Die Erfindung der transkontinentalen Eisenbahn hatte die nächste große Zuwanderungsbewegung zur Folge. Eine Reise von New York einmal quer über den Kontinent nach Sacramento dauerte anstatt mehrerer Monate nur noch rund sieben Tage. Hunderttausende Amerikaner reisten nach Kalifornien. Angelockt wurden sie zum einen von dem warmen, trockenen Klima und zum anderen von der enormen Fruchtbarkeit des Landes. Zitrusfrüchte, vor allem Orangen, wurden großflächig angebaut und bilden bis heute die landwirtschaftliche Grundlage des Staates. Der nächste wirtschaftliche Aufschwung folgte im Jahr 1892, als man in der Nähe von Los Angeles auf große Erdölvorkommen stieß. Diese Funde führten zu Wohlstand und machten die USA Anfang des 20. Jahrhunderts zum Autoland.

Zeugnisse des alten Westens im Columbia State Historic Park

Erdbebengefahr!

Die kalifornische Küste sitzt auf dem sogenannten Ring of Fire, einer erdaktiven Zone rund um den Pazifischen Ozean. Hier verursacht die Reibung der tektonischen Platten immer wieder Erdbeben. Kaliforniens bekannteste Reibungslinie, der San-Andreas-Graben, ist die größte der vielen tektonischen Verwerfungen. Das gewaltige Erdbeben von 1906 und die darauffolgenden Brände legten den größten Teil von San Francisco in Trümmer. Auch in den letzten Jahrzehnten schüttelte sich die Erde immer wieder. Doch Forscher sind sicher: Die große Katastrophe, The Big One, steht noch aus. Wann sie kommen wird, ist nicht vorhersehbar.

Das 20. Jahrhundert

Im neuen Jahrhundert überschlugen sich die Ereignisse: Mit Firmen wie Warner Brothers, Universal Pictures und Metro-Goldwyn-Mayer wurde Hollywood – und damit Los Angeles – zur wichtigsten Filmstadt weltweit. Aber nicht nur das Filmgeschäft wurde immer erfolgreicher, auch die Wirtschaft boomte: Während des Zweiten Weltkrieges entwickelte sich Kalifornien zum Zentrum der Luftfahrt- und Rüstungsindustrie, da hier vor allem Kampfschiffe produziert wurden. Immer mehr Menschen zog es in den Golden State. Nach dem Zweiten Weltkrieg kletterte die Einwohnerzahl auf rund 9 Millionen. Um 1950 wuchs zudem ein neuer wirtschaftlicher Zweig heran: die Hochtechnologie-Branche, die zur Entstehung des Silicon Valley führte. Das Tal gilt bis heute als einer der bedeutendsten Standorte der IT- und Hightech-Industrie weltweit. In den 1960ern wurde San Francisco zum Zentrum der Hippie- und Flower-Power-Bewegung. Der gemeinsame Widerstand gegen den Vietnamkrieg formte aus den Jugendprotesten eine politische Massenbewegung. Auch 50 Jahre nach dem sogenannten Summer of Love ist der Spirit der Hippie-Zeit in San Francisco spürbar. Erlebbar wird er im Stadtviertel Haight-Ashbury bei der beliebten **FLOWER POWER WALKING TOUR** *[750 Stanyan Street, San Francisco, CA 94117, www.haightashburytour. com, Erw. $ 20, Kinder (bis 9 J.) frei].*

Gut zu wissen

Umweltschutz und Hochtechnologie

Kalifornien rühmt sich heutzutage zu Recht damit, Hochtechnologie und Umweltschutz miteinander vereinbaren zu können. Schon in den 1970er-Jahren wurden alternative Energiequellen wie Sonnen- und Windenergie staatlich gefördert. Auch der von 2003 bis 2011 regierende Gouverneur und Hollywood-Star Arnold Schwarzenegger verfolgte den „grünen Weg" und setzte sich mit aller Kraft gegen die globale Erwärmung ein. Bis heute gelten in Kalifornien die strengsten Klimaschutz-Auflagen der USA. Gleichzeitig ist Los Angeles, die Stadt der Autos, für ihren Smog berüchtigt.

Die Golden State Warriors am Ball

Sport

Sport ist in Kalifornien Lebensgefühl. „Die Menschen in L. A. sehen einfach alle wahnsinnig gut aus", fühlte sich ein Freund motiviert, vor seinem Kalifornien-Trip das Crossfit-Studio in erhöhter Frequenz zu besuchen. Klar, viele Kalifornier halten sich fit, aber es ist vor allem der lässige Habitus und Style der Skater und Surfer, der uns die Menschen auf der Straße und in den Cafés gern anschauen lässt. Wassersport aller Art ist natürlich das Top-Thema, aber auch im Baseball, Basketball und Football hat Kalifornien natürlich Spitzenteams und leidenschaftliche Fan-Bases zu bieten. Im Winter werden die Berge zu Wintersport-Paradiesen, und wer den Dude und seine Freunde in „The Big Lebowski" die Kugeln hat schieben sehen, weiß, wie ernst Bowling nicht nur in L. A. genommen wird.

Familiensache
Der Besuch einer Sportveranstaltung ist in Kalifornien ein Familienereignis

und der wichtigste Nationalsport ist Football. Aus Kalifornien stammen vier Teams der National Football League (NFL): die Oakland Raiders, die San Francisco 49ers, die Los Angeles Rams und die San Diego Chargers. Die Saison startet immer am Labour Day Anfang September. Zum jährlichen Highlight kommt es, wenn im Januar/Februar das Saisonfinale der NFL stattfindet – der sogenannte Super Bowl. Die jeweils acht Heimspiele der Teams sind heiß begehrt, deshalb müssen Karten sehr vorausschauend online bestellt werden.

Baseball
Baseball hat in den vergangenen Jahren viele Fans verloren, Gehaltsrangeleien und die Langsamkeit des Spiels werden dafür verantwortlich gemacht. Das Schlagballspiel rangiert aber weiterhin auf Platz 2 der beliebtesten Sportarten in den USA. Jede Mannschaft bestreitet in der Saison 162 Spiele – dadurch sind die Eintrittspreise niedriger als in anderen Sportarten. Die großen Teams in Kalifornien sind San Diego Padres, Los Angeles Angels, Los Angeles Dodgers, Oakland Athletics und San Francisco Giants. Die reguläre Saison beginnt Ende März bzw. Anfang April und endet Ende September bzw. Anfang Oktober. Im Oktober finden die World Series statt, in der der Champ aller Ligen ausgespielt wird. Damit ist Baseball die Einzige der drei populärsten Sportarten der USA, die

Königin auf Rollen

Sie hebt, bunte Luftballons um die Hüfte gebunden, in der Beton-rampe zu einem Salto ab und schleudert die Beine mit den Roll-schuhen gen Himmel. Bei solchen und anderen Stunts kann man **MICHELLE STEILEN**, Roller-Derby-Name Estro Jen, auch bekannt als **QUEEN OF ROLLERSKATES**, auf Instagram (@estrojen) und auf YouTube zusehen. Oder in einem der Skateparks in Long Beach, wo die 34-Jährige lebt und jede freie Minute trainiert. Ihre Mission: Rollerskating soll wieder groß werden. Das wird die zahlreichen „Soy Luna"-Fangirls in Deutsch-land sicherlich sehr erfreuen.

Sie während eines Sommerurlaubs im Ligabetrieb live erleben können. Wichtig: Vielen Europäern gilt Base-ball als unverständlich und langweilig, ein Match dauert normalerweise drei bis dreieinhalb Stunden – legendäre Spiele haben aber schon fast sieben Stunden gedauert. Mindestens einer in der Familie sollte sich also mit Innings, Pitchern und Battern auskennen und ein paar Anekdoten zu erzählen haben, damit es spannend bleibt.

Basketball

Die National Basketball Association (NBA) ist die beste Basketball-Liga der Welt. Derzeit besteht die NBA aus 30 Mannschaften, von denen vier aus Kalifornien kommen: die Los Angeles Lakers, die Los Angeles Clippers, die Golden State Warriors und die Sacramento Kings. Damit stellt Kalifornien die meisten Teams der Liga und mit den Los Angeles Lakers (16 gewonnenen Meisterschaften) die zweiterfolgreichste Mannschaft hinter den Boston Celtics. Die Mannschaft in den gelb-lila Trikots hatte Superstars wie Magic Johnson, Shaquille O'Neal oder Kobe Bryant unter Vertrag. Die Saison beginnt Mitte Oktober und endet Ende Mai, die Play-offs finden im Juni statt. Die einfachste Art, an Tickets zu kommen: online über *www.ticketmaster.com*. Als Lieferart kann man „Print-at-Home" wählen, also ein PDF ausdrucken, auf dem alle Ticket-Daten sowie ein Barcode abge-bildet sind. Oder die Option „Will-Call" anklicken, dann kann man das Ticket vor dem Spiel an der Kasse abholen. Hierfür braucht man die Kreditkarte, mit der bezahlt wurde, sowie ein gül-tiges Ausweisdokument mit Lichtbild. Tipp: Sogenannte Resale Tickets, oft von Dauerkartenbesitzern, die das Spiel nicht angucken können, sind im Secondhand-Bereich bei Ticketmaster manchmal günstiger zu kriegen.

Golf

Golfen hat in Kalifornien nichts Elitäres. Das Land ist übersät mit Plätzen, von denen viele öffentlich und für jedermann zugänglich sind. Clubmitgliedschaften sind auf diesen Courts nicht nötig, um es mit dem Einputten zu probieren. Sie können also problemlos und gegen überschau-bare Gebühren mit Ihrer Familie eine ruhige Kugel schieben oder schlagen. Detail-Infos, Bilder der Courts und Links zu fast allen kalifornischen Plätzen auf *www.golfcalifornia.com*.

Reite den Bullen!

In etlichen kalifornischen Bars gehört er dazu wie ein Miller oder Heinecken: der Mechanical Bull. Nicht nach wenigen Sekunden von der zuckenden, motorbetriebenen Bullen-Attrappe zu fallen, ist gar nicht so einfach. Wenn Sie Ihre Rodeo-Qualitäten testen wollen, halten Sie sich am Gurt fest, pressen die Schenkel an die Seiten des Bullen, entspannen Sie den Oberkörper und strecken Sie den freien Arm balancierend in die Luft. Der Rest der Familie schließt Wetten ab auf die Zeit, die Sie durchhalten – yeehaw!

Kanufahren und Rafting

Zwei Drittel des Lake Tahoe liegen in Kalifornien, ein Drittel in Nevada, trotzdem gilt er als schönster Bergsee des Staates. Zudem ist er das perfekte Areal für Eltern und Kinder, die gern in Booten unterwegs sind. Die größte Auswahl an Wassersportgeräten zur Vermietung bietet die ZEPHYR COVE MARINA *[760 Highway 50, Zephyr Cove, NV 89448, Tel. +1 775 589 49 06, www.zephyrcove.com, Kanu für 2 Pers. $ 40/Tag].* Wer Lust hat, seine Crew in einem Schlauchboot durch Stromschnellen zu manövrieren, kann das auf dem TRUCKEE RIVER ausprobieren. Der Truckee, moderat temperamentvoll, gilt als gutes Raftingrevier für die ganze Familie *[Truckee River Raft Rental, 185 River Road (Office), Tahoe City, CA 96145, Tel. +1 530 583 01 23,* *www.truckeeriverraft.com, tägl. 8.30-15 Uhr, Rafting-Tagestrip pro Pers. ab € 40].*

Bowling

Ein Ausflug auf die Bowlingbahn ist einer der wohl klassischsten Zeitvertreibe der US-Amerikaner. Eine Liste mit Bowling-Centern in Kalifornien, auf denen auch Ligabetrieb stattfindet, gibt es auf *www.leaguesecretary. com.* Einfach unter „Center Search" California anklicken und die Center werden angezeigt, leider in alphabetischer Reihenfolge und nicht nach Städten geordnet, aber immerhin. Eine für Kinder spannende Variante ist das Schwarzlicht-Bowling in der GLOWZONE in Huntington Beach bei Los Angeles *[7227 Edinger Avenue, Huntington Beach, CA 92647, Tel. +1 714 31607 75, hb.glowzone.us, Mo-Do, So 14-22, Fr/Sa 11-24 Uhr],* das ganz besonders in weißen Klamotten Spaß macht!

Surfen

Das größte Surf-Spektakel der Welt, die Vans US Open of Surfing, findet alljährlich in Huntington Beach statt. 2018 wird das neuntägige Festival in den Wellen vom 23. bis 31. Juli gefeiert. Über 300 Weltklasse-Athleten treten vor Hunderttausenden Zuschauern an. Es wird also voll, trotzdem ist die Feier der Surf-Kultur ein Familien-Event – mit BMX- und Skateboard-Parcours am Strand, Straßenkunst und kostenlosem Open-Air-Kino. Huntington Beach gilt auch den Rest des Jahres als Herz der Surf-Welt, ringsum in Orange County gibt es jedoch weitere Hotspots: etwa San Clemente und San Onofre State

Beach oder Newport Beach. Gesurft wird südlich von San Francisco bis runter nach San Diego, wo die Hotspots Bird Rock, Oceanside Pier und Windansea liegen. Auch Malibu und Santa Cruz sind Zentren der Szene. In allen diesen Orten finden Sie auch Surf-Schulen, wo Sie ausprobieren können, ob das Reiten der Wellen der neue Lieblingssport der Familie wird. Weitere Infos und Spots: *www.surfing-waves.com/travel/california.htm*.

Reiten

Zum Wilden Westen gehören selbst heute noch Cowboys und -girls sowie das Leben auf Farmen und Ranches. Die vielen Rodeos, die das ganze Jahr über in Kalifornien stattfinden, belegen, wie lebendig diese Kultur ist. Ein Verzeichnis der kalifornischen Reitershows finden Sie auf *www.seecalifornia.com/events/california-rodeos.html*. Wer selbst einen Reitausflug starten möchte, hat in Kalifornien vor allem in und um die Nationalparks viel Gelegenheit dazu. Ein Verzeichnis von Reiterhöfen und Ranches – lassen Sie sich nicht vom Flickenteppich-Layout der Seite abschrecken – auf *www.horserentals.com/california.html*.

Tennis

Wenn Sie und Ihre Kinder gern Tennis spielen, sollten Sie Ihr Equipment auf den Trip nach Kalifornien mitnehmen. Denn in den öffentlichen Parks des Bundesstaates gibt es viele frei zugängliche Tenniscourts. Hier gilt: Wer zuerst kommt, spielt

zuerst. Wochentags in den Morgenstunden werden Sie selbst in der Hochsaison kaum Probleme haben, freie Plätze zu finden.

Wandern – zu Fuß oder mit dem Rad

Unter riesigen Redwoods, zwischen skurrilen Formationen der Yoshua Trees hindurch, in der Sierra Nevada oder zu Wasserfällen in den State Parks – in Kalifornien müssen die Deutschen nicht auf eines ihrer liebsten Hobbys verzichten. Auf der Website von Visit California *[www.visitcalifornia.com]* können Informationen zu mehr als 100 Wander- und Radwegen des Bundesstaates eingeholt werden. So ist es möglich, bereits im Vorfeld Reiserouten zu planen, detaillierte Beschreibungen der Wege – z. B. Aktivität oder Länge – abzurufen und zu erfahren, welche Hotels oder Restaurants in der Nähe sind. So wird es auch für die Kids nicht langweilig, Kaliforniens Natur aus nächster Nähe zu entdecken.

Gut zu wissen

Vor dem Surfen kommt das Boogie-Boarden

Index

RESTAURANTS, EISDIELEN & Co.

UNTERKÜNFTE

Impressum

VERLAG: COMPANIONS GmbH,
Hopfensack 19, 20457 Hamburg,
Tel. 040-306 04-600,
E-Mail: info@companions.de,
Internet: www.companions.de
AUTOREN: Claudia Lüersen,
Jana Heinrichsmeier (Geschichte, Flora
& Fauna), David Siems (Tour 11 + 14)
LEKTORAT UND SCHLUSSREDAKTION:
Pia Richter
SCHLUSSKORREKTUR: SchlussBlick
GESTALTUNGSKONZEPT: Finny Nguyen
LAYOUT: Cornelia Prott
DRUCK UND BINDUNG:
DZA Druckerei zu Altenburg GmbH

ISBN: 978-3-89740-746-6